Leben ist Bewegung.

Ein anderes Wort dafür ist Prozeß.

Dein Sterben leben

ist die Geschichte

der Bewegung deines Lebens.

LEBE
Dein Sterben

Stanley Keleman

iskopress

Die amerikanische Originalausgabe erschien unter dem Titel
‹Living your dying› bei Random House Inc.,
New York/The Bookworks, Berkeley, Calif.

Aus dem Amerikanischen übersetzt
von Wolf Büntig, ZIST, Penzberg

ISBN 978-3-89403-409-2
10. Auflage 2023

Umschlaggestaltung:
Mathias Hütter, Schwäbisch Gmünd
Druck und Bindung:
WIRmachenDRUCK GmbH, Backnang

Bibliografische Information der Deutschen Bibliothek
Die Deutsche Bibliothek verzeichnet diese
Publikation in der Deutschen Nationalbibliografie;
detaillierte bibliografische Daten sind im Internet über
http://dnb.ddb.de abrufbar.

INHALT

VORWORT ZUR DEUTSCHEN AUSGABE

„Ich denke, also bin ich“, sagt Descartes, der an allem zweifelt außer an diesem Satz und nichts für wahr hält, das nicht so klar und umrissen erkannt werden kann wie dieser Satz. „Ich denke nicht – heißt das, daß ich nicht bin?“ – Mit dieser Aufschrift auf ihrem Schulranzen scheint mir ein dreizehnjähriges Mädchen in der Münchner U-Bahn die Konsequenzen der cartesianischen Logik zu hinterfragen; und sie sieht mit ihren vergnügten Augen nicht so aus, als habe sie selbst irgendwelche Zweifel an ihrem persönlichen Dasein.

Der Zweifel scheint sich vielmehr auf ein Menschenbild zu beziehen, das uns zunehmende Entfremdung einbringt, jenen Prozeß, in dem unsere Fähigkeit, unser Leben zu reflektieren, das heißt in Symbolen zu spiegeln, uns als Fremdes entgleitet und der uns den mittels dieser Fähigkeit von uns geschaffenen Institutionen wie Sprache, Denkweisen, Normen und Mythen unterwirft.

Narziß verfällt seinen Spiegelungen und verzehrt sich selbst, während die Nymphe Echo, deren Liebe er verschmäht, ihre leibhaftige Lebendigkeit verliert und lediglich als Vorgegebenes wiederholende Stimme in einsamen Abgründen körperlos und unfruchtbar überlebt.

Zweifel und Ungewißheit sind eine Folge dieser zunehmenden Entfremdung und zählen zu den Hauptklagen derer, die der Normierung weder völlig erlegen und „normal“ geworden sind, noch auf andere Weise von der Aufgabe eines selbstgestalteten Lebens abgedankt haben, sondern über irgendeine Arbeit am Selbst einen persönlichen Weg und ein persönliches Wissen suchen, mit dessen Hilfe sie aus der Rolle des Opfers ihrer Konditionierung herausfinden und zunehmende Fähigkeit zur aktiven Teilnahme an ihrem Leben entfalten können.

Es gibt zwei Formen des Wissens, lehrt Roger Bacon im Opus-Maius: Wissen durch Beweisführung und Wissen durch Erfahrung. Die Beweisführung führt zu Schlußfolgerungen und zwingt uns, diese anzuerkennen. Sie bringt jedoch weder Gewißheit noch beseitigt sie Zweifel, so daß der Geist in der Wahrheit ruhen könnte, es sei denn, diese Gewißheit käme durch eigene Erfahrung zustande.

Doch wie wollen wir eigene Erfahrung sammeln? Sind nicht unsere Wahrnehmungen und unsere Gefühle im einseitigen Sozialisierungsprozeß längst konditioniert und manipulierbar geworden und unsere Intuition – jene Fähigkeit, Wesentliches augenblicklich zu erfassen – zugunsten linearen, an meßbaren Einheiten orientierten Denkens verkümmert?

Hier setzt Kelemans Arbeit am Menschen an. Sein Credo ist die Einheit der Person. Körper, Seele, Geist werden nicht gesehen im Gegensatz zueinander, sondern als Manifestationen eines einzigen Erregungsprozesses, indem die Person – verbunden mit aller Erregtheit des ganzen Universums durch den Körper – sich entfaltet, diese Entfaltung durch persönlichen Ausdruck bezeugt und durch dieses Zeugnis neue Identität gewinnt – Form aufgebend und Form findend – Chaos und Eros im Wechselspiel.

Die Gruppen bei Stanley Keleman gehören neben den vielen Gesprächen, die ich als Student in langen Nächten auf einer Intensivstation verbal oder averbal, hörbar oder spürbar mit Sterbenden führte, zu den reichsten und bewegendsten Erfahrungen seit meiner Kindheit. Die Zeit steht still und rast zugleich in jenen Tagen, da ich unter Kelemans Anleitung lerne, mich neu zu entdecken. Ich lerne wieder, was Lernen heißt. Ich klage über irgendein Symptom – Stanley nutzt es als Einstieg ins Gespräch, Gespräch mit ihm und Gespräch mit mir selbst, mit den verschiedensten Facetten meines Selbst. Er hinterfragt alles, was ich sage – alles, was ich an Bildern, Gedanken, Träumen, Einfällen, Wahrnehmungen, Gefühlen, Haltung, Mimik, Gesten, Ahnungen und Befürchtungen usw. produziere – und jede seiner Fragen reduziert sich auf die eine: Was weißt du? Woher weißt du das? Bis ich schließlich nicht mehr weiß, sprachlos bin, keine Worte finde...

Ich stehe vor vierzig anderen, hilflos wie ein Kind, mit zitternden Knien und klopfendem Herzen, ausgeliefert, preisgegeben, hingegeben der ungeformten formbaren Erregung in mir, die vom Boden kommend mich durchflutet, die Sinne belebt für neuen Eindruck, die Muskeln löst aus atavistischer Haltung und freisetzt für neuen Ausdruck und im Zurückfließen zum Boden mir ein neues Gefühl für mein Gewicht und meinen Stand in dieser Welt vermittelt. Wer, sagte ich, steht still und rast zugleich? Die Zeit? Ich stehe still und rase – Vergangenheit und Zukunft aufgehoben für einen Moment – und Stanley: „Was hörst du dich dir selbst sagen, so, wie du da stehst?“ – „Ich bin da!“ – ewiges Leben gegenwärtig im auferstandenen Fleisch, wahr-nehmend und teil-nehmend; Narziß, seinen Spiegelungen einmal entronnen, liebevoll dem Zwiegespräch mit Echo hingegeben, die – wieder Leib geworden – ihre eigene Sprache zurückgewinnt.

Unsere eigene Sprache zurückzugewinnen und neu zu formen, will dieses Buch uns lehren. Von Stürzenden und Scheintoten, die überraschend überlebten oder wiederbelebt wurden, wissen wir, daß im Fallen – an der Grenze zwischen Leben und Tod – ihr ganzer Lebenslauf vor ihren Augen ablief, wie ein Stummfilm, rückwärts. Keleman lädt uns ein, mit der Bestandsaufnahme nicht zu warten bis zu unserem letzten Fall, sondern heute anzufangen: uns wahrzunehmen in unserem Erleben, loszulassen vom sicheren Gewohnten die mit Unsicherheit und Chaos verbundenen Gefühle zuzulassen, fühlend Abschied zu nehmen vom Überholten, uns einzulassen auf das Unbekannte; uns zu öffnen für neuen Eindruck und neuen Ausdruck; zu vergehen, um zu werden, unser Leben in solchem „kleinen Sterben“ zu bezeugen und uns vorzubereiten auf ein teilnahmvolles und ausdrucksvolles „großes Sterben“.

Ich sitze am Fenster und diktiere. Die Birken haben neue Knospen getrieben, bevor sie ihre alten Blätter dem Herbstwind überließen.

Wolf Büntig

Es ist überliefert, daß Plato auf seinem
Totenbett von einem Freund gebeten wurde,
sein Lebenswerk, die „Dialoge“,
in einem Satz zusammenzufassen.
Plato, aus Träumereien auftauchend,
schaute seinen Freund an und sagte:
„Übe sterben.“

BEGINN

Dies ist ein Buch über das Erleben des Sterbens. Doch ist es nicht für den Sterbenden geschrieben. Es richtet sich vielmehr an all jene von uns, die eines Tages sterben werden. Es zeigt die Möglichkeit auf, mehr mit deinem Körper verbunden zu sein und das Sterben deines Körpers zu erleben. Es geht darum, das Erleben des Sterbens deutlich zu machen.

Ich versuche damit zu sagen, daß Sterben weder psychologisch noch sozial notwendigerweise mit Angst oder Schmerz verbunden zu sein braucht; ferner, daß möglicherweise keinerlei Verbindung besteht zwischen unseren Vorstellungen vom Sterben und dem Erleben des Sterbens, zwischen der Beobachtung eines anderen Todes und dem Gefühl des Sterbens. Diese Entdeckung beinhaltet die Aussage, daß in dieser Kultur Sterben ein unbekanntes Ereignis ist.

Wir leben in einer Zeit, die den Tod leugnet, die das Erleben des Sterbens durch ein Festhalten an traditionellen Mythen verstellt. Hier brauchen wir einen neuen Beginn, einen neuen Mythos, eine neue Vision von Reife und Alter. Wir sind nicht Opfer des Sterbens, der Tod macht uns nicht zu Opfern. Wir sind jedoch die Opfer von seichten und verdrehten Einstellungen dem Sterben gegenüber, das wir als tragisch begreifen.

Wir können unsere Betrachtung des Sterbens auf ein Verständnis des biologischen Prozesses gründen – daß nämlich unser körperliches Leben und unser psychologisches Leben identisch sind. Durch die Erfahrung von zwanzig Jahren, in denen ich Therapie praktiziert habe, mit Menschen gearbeitet und an ihrem Leben teilgenommen habe, teilnahm, wo sie sich bremsten und wie sie ihren Fluß stauten, teilnahm auch daran, wie sie sich zu befreien suchten – in diesen zwanzig Jahren habe ich gelernt, daß der Körper wie ein Ozean pulsiert, daß das Leben des Körpers getrennt von sozialen Rollen gelebt wird und daß unterdrückte Trauer dieses Pulsieren und Fließen einschränkt. Ich weiß, daß es ein Leben des Körpers gibt, das neben dem sozialen Leben und dem persönlichen Leben gelebt wird. Ich glaube, daß dieses Leben eine neue Mythologie des Sterbens in sich birgt.

Die meisten Menschen leben ihr Sterben so, wie sie ihr Leben gelebt haben. Leute, die sich selten emotional ausdrükken und ihr Leben als Elend und Niederlage erleben, neigen dazu, auch so zu sterben. Leute, deren Leben reich an Selbstausdruck ist, neigen dazu, auch ihr Sterben als Selbstausdruck zu leben. Doch wir brauchen nicht so zu sterben, wie wir gelebt haben, als Märtyrer, Feiglinge oder Helden. Wir müssen nicht unser tieferes Selbst oder unser Wissen um den, der wir gerne wären, verbergen.

Die Natur lehrt uns zu sterben durch Beispiel und Erfahrung. Wir erleben Sterben im Fernsehen, wir lesen davon in den Zeitungen, vielleicht sehen wir es auf der Straße. Jedermann reagiert auf diese Erfahrungen verschieden, und doch werden unsere Vorstellungen vom Sterben hier gebildet. Es wird berichtet, daß Goethe sich weigerte, vom Tod seiner Freunde zu hören, und sich versteckte, wenn ein Leichenzug vorbeikam. Er verbat sich, daß das Wort Tod in seiner Gegenwart ausgesprochen wurde, und er versuchte, den Tod völlig von seiner Existenz abzutrennen.

Ich rede über Sterben auf zwei Ebenen. Ich rede vom großen Sterben und vom kleinen Sterben. Immer verlieren wir etwas und finden etwas, immer lösen wir uns vom Alten und verwirklichen das Neue. Das nenne ich kleines Sterben. Meine Erfahrung, mein Mythos, sagt mir, daß das große Sterben dem kleinen Sterben ähnlich ist, zumindest was den Prozeß und die Gefühle anbelangt. Unser kleines Sterben ist dazu da, uns zu lehren, wie unser großes Sterben sein könnte.

Erleben, der erste Teil dieses Buches, handelt davon, wie wir lernen können über das zu sprechen, was in uns im Zusammenhang mit unseren kleinen Toden wachgerufen wird. ***Mythenbildung***, der zweite Teil, handelt davon, wie wir unsere sozialen Vorstellungen vom Sterben durch unsere Erfahrung ersetzen und dadurch eine neue Vision für unser Leben schaffen.

Sterben ist uns vertrauter, als wir glauben. Unsere Körper wissen vom Sterben und überlassen sich ihm irgendwann in unserem Leben unwiderruflich, unumschränkt und ganz mit all der gelebten Erfahrung unseres genetischen Schlüssels. Der Körper weiß, wie er stirbt. Wir werden mit dem Wissen vom Sterben geboren. Jemand sagte einmal, daß der Mensch einen Schock erlitt, als er entdeckte, daß Sterben nicht ausschließlich auf Unfall oder böse Absicht zurückzuführen war, sondern ein alltägliches Ereignis des Lebens war. Man starb. Wir leiden heute nicht weniger an diesem Schock. Wir kennen zwei hervorragende Ereignisse im Leben. Das eine ist Geborenwerden. Sterben ist das andere.

Wenn ich Leute auffordere, mir von ihrer Angst vor dem Sterben zu erzählen, sagen sie oft, sie hätten keine. Ich frage sie, ob sie sich Gedanken machten über das Sterben, und sie sagen mir Nein. Wenn jemand seine Gefühle auf diese Weise unterdrückt, nennen wir das Verleugnung oder Vogel-Strauß-Politik. Doch Leute, die mit ihrer Verleugnung des Sterbens in Berührung kommen, sind genauso auf dem Weg der Selbstentdeckung wie jene, die ihre Ängste unmittelbar erleben können. Der Schlüssel zu Selbstverbundenheit, Selbstbildung und Selbstausdruck heißt Erleben.

Sterben und Tod bedeuten nicht das gleiche; sie sind unterschiedliche und getrennte Ereignisse. Diesseits von Parapsychologie und Glauben können wir fast nichts erfahren über den Tod; über das Sterben jedoch können wir eine Menge lernen, da ein Muster des Sterbens von jeder Person zu Lebzeiten gelebt wird. Dein Leben und Sterben ist das Leben und Sterben deines Körpers. Es ist die Gestaltung des Fleisches.

ERLEBEN

Sterben heißt lernen, aufzugeben, was wir verkörpert haben. Lebendig sein heißt verkörpert sein, im Fleisch sein. Sterben heißt Form aufgeben; heißt verkörpert werden und körperliche Form auflösen; heißt Grenzen finden und Grenzen aufheben. Wir leben in diesen beiden Welten. Dieses Kapitel formuliert eine Sprache zum besseren Verständnis unseres Erlebens.

ARTEN DES STERBENS

Dies ist eine pulsierende Welt. Wohin ich auch schaue, was auch immer ich erlebe – unter dem Mikroskop, durch das Fernglas, durch den Ausdruck meiner Körperlichkeit –, sehe ich das Phänomen der Erregung. Alles Bewegte ist erregt, bewegt sich in einem Muster von Resonanz und Harmonien. Das Lebende schwingt auf und ab, einwärts und auswärts.

Erregung, dieses grundlegende Merkmal des Lebendigen, ist ein Prozeß mit zwei Phasen: Expansion und Kontraktion. Als Expansion greift Erregung um sich, findet Ausdruck. Fortgesetzte Expansion ist selbst-erweiternd, leitet über die körperlichen Grenzen hinaus in die Welt der sozialen Interaktion. Als Kontraktion sammelt Erregung das Selbst, wird Selbst-Sammlung, führt zu Eindruck und schafft ein persönlicheres Selbst.

Ich nenne diese beiden Merkmale *Selbsterweiterung* und *Selbstsammlung*. Sie sind grundlegende Merkmale des menschlichen Lebens. Vom biochemischen Milieu sich ausdehnend zur Aktivität der Zelle, organisiert sich die Lebenskraft in Systemen und schließlich in komplexen Organismen. Sich weiter ausdehnend und bündelnd in Individualität, wird diese Erregung durch Expansion und Kontraktion zum Puls, dem Grundmerkmal alles Lebendigen, dem A und O von Fühlen und Handeln. Diese Aktivität, diese Organisation von Erregung, schafft neues Leben im menschlichen Kind. Erregung nimmt zu nach der Geburt, wird Selbstausdruck dann, wenn sie das Kind an seinen Berührungsstellen mit der Welt körperliche, psychologische und soziale Grenzen finden läßt. Mit dem Wachstum des Kindes erweitern sich diese Grenzen; Erregung geht über Selbstausdruck hinaus, wirft uns jenseits unserer biologischen Grenzen in eine tiefe Verbindung zur Welt der sozialen Interaktion. In diesem Moment wird Selbstausdruck sozialer Ausdruck, und es bilden sich neue Grenzen. Biologisches und soziologisches Leben fließen auf diese Weise zusammen. Überall im Kontinuum dieser Expansion kann Sterben eintreten als ein natürliches Stadium in der Entwicklung der Erregung. Solches Sterben ist eruptiv oder streuend, der versammelte Organismus explodiert, bricht aus seinen Grenzen in die Welt. Schlaganfälle und Herzanfälle sind häufige Beispiele eruptiven Sterbens. Das Ereignis tritt gewöhnlich plötzlich ein. Dies ist eine Weise des Sterbens, eine Art, wie der Organismus sich selbst ein Ende gibt.

Die andere Art ist grundverschieden. An einem bestimmten Punkt in der Entwicklung von Selbstausdruck wird Erregung selbst-beschränkend. Der Körper ist in der Lage, eine fortwährende Expansion seiner selbst zu begrenzen. Denk an das Herz, das sich mit Blut füllt und wieder zusammenzieht, an den Magen, der sich mit Nahrung füllt und wieder zusammenzieht. Der Körper sammelt sich selbst, nimmt sich zusammen, zieht sich zurück von der Umwelt. Hier erscheint Sterben als eine Reihe von schwächenden und selbst-vermindernden Schritten oder als Schock, als ein tiefer Rückzug in Richtung vollständiger Hemmung. Solches Sterben ist am wahrscheinlichsten gekennzeichnet durch eine Reihe von langwierigen Krankheiten, die jede eine teilweise Selbstaufgabe von uns verlangt. Diese Art des Sterbens nenne ich *Gerinnen*.

Im Gerinnen, genauso wie im eruptiven Stil des Sterbens, können wir immer noch lernen und erleben, neue Erkenntnisse und Einsichten enthüllen. Es ist nicht nötig, daß sich alternde, reife Menschen als auf dem Weg bergab betrachten: Sie sollten sich vielmehr als in einer gesellschaftlich nicht festgelegten Phase ihres Lebens sehen.

Der formbildende Prozeß scheint gekennzeichnet durch diese beiden Zyklen – Aufbrechen und Gerinnen, Ausweitung und Verdichtung. In der expansiven Phase streut einer seine Erfahrungen in die Welt, in der Phase der Verdichtung versammelt er seine Erfahrungen bei sich selbst. Der Drang der Erregung, den wir Leben nennen, breitet sich aus und zieht sich zusammen, er pulsiert und sprengt schließlich seine Grenzen oder schrumpft zurück in verengte Grenzen. In keiner der beiden Weisen, in keiner der Phasen des Zyklus ist Sterben eine Unterbrechung des Lebens, sondern dessen Fortsetzung.

Die Lebenswege zweier berühmter Männer, Lyndon Johnson und Harry Truman, zeigen uns klar die Merkmale von Selbsterweiterung und Selbstsammlung, durch die sie sich unterschieden. Lyndon Johnson lebte und bewegte sich in einer sich ständig ausdehnenden Welt persönlicher Macht – seine politische Karriere verkörpert präzise mein Bild von der selbsterweiternden Person. Sein Einfluß schien ständig zu wachsen. Er begann seine Karriere als Schullehrer in Texas und beendete sie als Präsident mit weltweitem Einfluß. Sein Tod durch Herzschlag ist typisch für das Sterben im eruptiven Stil.

Harry Truman, ein ruhiger Mann, erreichte seine Stellung als Präsident von gesellschaftlichen Anfängen als Ladenjunge in Missouri über eine Reihe von ungewöhnlichen politischen Ereignissen. Doch dann änderte sich sein Leben, zog ihn nach innen, zog ihn zurück, zurück nach Missouri mit schwindendem sozialen Einfluß; nicht mehr Präsident, nicht mehr Politiker, nicht mehr Großverdiener, sammelte er sich und gab allmählich auch seine persönlichen Rollen auf – als Liebhaber, Ehemann, Vater. Seine Erregung, sein Leben, bewegten sich in Richtung einer einfachen, organismischen Stufe, auf der er zwar weiterlebte, wenn auch mit verminderter gesellschaftlicher oder psychologischer Wirkung auf seine Umgebung. Sein Sterben wurde ein verlängerter Schrumpfungsprozeß. Das Leben Harry Trumans ist ein Beispiel für ein Sterben im Zyklus des Gerinnens.

Jeder dieser Stile hat viele Variationen, und jeder ist eine natürliche Folge eines durchgängigen Stils, sein Leben auszudrücken. Selbsterweiterung ist auf das Sterben hingerichtet. Selbstsammlung zieht sich aufs Sterben zurück. Beide Stile sind ein unmittelbarer Ausdruck zweier Seiten der pulsierenden Natur der Erregung, dieser ursprünglichen Eigenschaft des Organismus und aller Lebensprozesse.

Wir können in fast jedem Lebenslauf durchgehende Muster biologischer Aktivität beobachten, die den einen oder anderen

Sterbezyklus kennzeichnende Elemente widerspiegeln. Manche Leute finden zum Beispiel schwer ins Bett, während andere Mühe haben, herauszukommen. Manchen fällt es schwer, abends einzuschlafen, anderen, morgens aufzuwachen. Die erste Gruppe nenne ich Selbsterweiterer, sie bewegen sich ständig nach außen, auf die Welt zu. Sie scheinen am besten durch Umgang mit anderen Menschen Erfahrungen zu sammeln. Die Selbstsammler, in einer zweiten Gruppe, scheinen immer mehr Kontakt mit sich selbst als mit der Umwelt zu haben. Sie scheinen Zurückgezogenheit vorzuziehen. Sie wollen sich selbst gewöhnlich tief und in der Regel allein erleben. Diese Leute fühlen sich mit wandelnden Erfahrungen weniger fremd als die Selbsterweiterer. Sie könnten in diesem Buch Bestätigung, die Selbsterweiterer hingegen könnten Neuland sehen.

Die Mythen aller Gesellschaften versuchen, uns zu versichern, daß wir keines sinnlosen Todes sterben. Sie versuchen uns zugänglich zu machen für eine Einstellung dem Prozeß des Sterbens gegenüber, die uns befähigt, von der Verzweiflung angesichts der Sinnlosigkeit nicht weggeschwemmt zu werden. Sie bieten denen, die einen Sinn in diesen Mythen finden, eine gesellschaftlich akzeptierte Weise des Sterbens und jenen, die nicht den Schimmer einer Ahnung von der Möglichkeit eines persönlichen Sterbens haben, eine Chance. Auf diese Weise versucht Mythos, jedem Individuum eine Möglichkeit zu geben, an seinem Ende teilzuhaben.

Tod und Sterben verbergen sich uns hinter überholten Einstellungen, die den Prozeß verklären. Sie stellen eine verfeinerte Form von Verleugnung dar. Einige dieser Mythologien und ihr Stil zu sterben, sind:

Der Heldentod. Verwickelt in Vorstellungen von Gewalt, stirbt die Person tapfer, edel. Tod ist ein Feind, der bekämpft werden muß. In letzter Konsequenz ist es besser, sich selbst das Leben zu nehmen, als dem Tod zum Opfer zu fallen. Ein trotziger Tod.

Der Tod des Weisen. Dies ist der Tod in Resignation. Am Tod kann man sowieso nichts ändern, er ist unausweichlich, also akzeptiere ihn! Tod ist Schlaf, ein Segen, der Heimgang zur Natur oder das Ende unserer irdischen Aufgaben. Ein Tod in Unterwerfung.

Der Tod des Narren. Ich sterbe gar nicht wirklich. Tod ist eine Art kosmischer Scherz; ich werde wiederkommen. Es gibt eigentlich gar keinen Tod, nur Wiedergeburt. Dies ist der sinnlose, ziellose Tod.

Der Märtyrer-Tod. Es ist edel, sein Leben hinzugeben, es der Liebe oder der gemeinsamen Sache zu opfern, oder um die Absurdität des Lebens auszudrücken. Ich werde zulassen, daß ich getötet werde. Mein Tod wird für die Gemeinschaft wichtig sein. Der Tod des Opfers.

Der morbide Tod. Der Tod ist ein grimmer Schnitter; sein Kommen ist schrecklich, angsterregend und peinlich profan. Tod ist der Henker, der Mensch sein Opfer; Ausweichen und Verleugnung sind die einzige Kur. Ein skurriles Sterben.

Jeder von uns lebt seine Variationen dieser Mythologien vom Sterben, die offen oder verborgen an Wendepunkten unseres Lebens ihren Ausdruck finden.

Wir haben heutzutage keine brauchbare Mythologie für das Sterben des Körpers, noch haben wir einen Raum für sein Leben. In der gängigen Mythologie wird der Körper behandelt als ein Werkzeug, ein Sklave, ein Instrument, als gebeutelter Diener, als Anzug; als etwas, das es zu überwinden gilt. Der Körper wird gezwungen, ein Leben zu leben, das der Verstand leben will, und für die Ideale des Verstandes zu sterben. Da ist es kein Wunder, wenn wir unseren letzten Tagen mit Angst und Schrecken entgegensehen. Der Verstand ist überwältigt vom Schrecken des Todes, nicht nur weil er Angst hat, sich der Leere, der Auslöschung zu stellen, sondern auch, weil seine Quelle zu versiegen droht. Der Körper, der den Verstand gefüttert, beherbergt und transportiert hat, macht sich daran, ihn zu verlassen, und der Verstand will des Körpers Sterben überleben.

Wir sind mittels unserer Lebenserfahrungen und der unserer Familien und Freunde lebendige Zeugen der Art und Weise, in der der Verstand sich dem Sterben stellt oder ausweicht. Wir bezeugen in unserer Körperlichkeit das Ausleben unserer Mythologien. Und wie sieht diese Zeugenaussage aus; was erleben wir tatsächlich? Bruchstückhaftes Leben, ungelebtes Leben, nur teilweise erfülltes Leben, leblose Körper, angestrengte Körper, ausgemergelte Körper, vorzeitiges Altern, Schuldgefühle, Ärger, Angst und Verleugnung.

Unsere negativen gesellschaftlichen Einstellungen gegenüber unserem Körper und seinem Anspruch auf ein Leben in

Fülle versagen uns das Recht, auf unsere eigene Weise zu sterben. Wir leben das Leben der Gesellschaft und merken nicht, daß wir auch ihren Tod sterben.

Als mein Großvater zu Hause einen massiven Schlaganfall erlitt, schickte ihn der Arzt ins Krankenhaus, wo er bald darauf starb. Meine Großmutter war voll von Zorn und Schuldgefühlen darüber, daß sie ihn nicht hatte zu Hause sterben lassen, von der Familie umgeben und mit dem Gefühl, in seiner letzten Stunde getröstet, begleitet und behütet zu sein, statt in einem fremden Land zu sterben. Er starb nicht seinen jüdischen Tod. Als meine Großmutter starb, starb sie nicht im Krankenhaus, sondern im Haus meiner Tante. Sie hatte gelernt, wie sie sterben wollte.

In meiner Arbeit sind die Grundmetaphern den Bildern und der Sprache des Körpers entnommen. Wenn du dich in deiner Körperlichkeit erlebst, erlebst du Körper und Geist als eins, als lebende Person – du bist jemand. (Jemand heißt auf englisch „somebody", d.h. ein Körper; niemand entsprechend „nobody": kein Körper. – Anm. d. Übers.) Die Körpersprache ermöglicht die Entwicklung einer neuen Haltung dem Leben und dem Sterben gegenüber. In meinem Buch „Your Body Speaks Its Mind" (New York, 1975) habe ich die Bildsprache des Körpers ausführlicher entwickelt.

Wir leben unser Leben und unser Sterben bewußt oder unbewußt, willkürlich oder unwillkürlich. Wir nehmen an unserem Leben teil oder verleugnen es. Und bis zu einem gewissen Grad können wir sogar unser Leben in unserem Bewußtsein neu gestalten, es neu erleben und ändern. Auch darum geht es in diesem Buch. Lies, was Rilke 1910 über das Sterben zu sagen hatte:

„Der Wunsch, einen eigenen Tod zu haben, wird immer seltener. Eine Weile noch, und er wird ebenso selten sein wie ein eigenes Leben. Gott, das ist alles da. Man kommt, man findet ein Leben, fertig, man hat es nur anzuziehen. Man will gehen, oder man ist dazu gezwungen, keine Anstrengung. Voilà votre mort, monsieur. Man stirbt, wie es gerade kommt, man stirbt den Tod, der zu der Krankheit gehört, die man hat... In den Sanatorien, wo ja so gerne und mit so viel Dankbarkeit gegen Ärzte und Schwestern gestorben wird, stirbt man einen von den in der Anstalt angestellten Tod. Das wird gerne gesehen..." (Aus: *Die Aufzeichnungen des Malte Laurids Brigge*, zit. nach: Insel-Verlag 1963, S.11 f.)

WENDEPUNKTE

Im Leben von jedermann gibt es Ereignisse, die seinem Leben neue Richtungen geben. Diese Wendepunkte machen deutlich, daß ein Lebensstil überlebt ist und ein neuer sichtbar wird. Wendepunkte sind Übergangsriten im Leben. Denk an den ersten Schultag; das Anbrechen der Jugend; die erste Arbeitsstelle; die erste sexuelle Begegnung; die Beerdigung eines nahen Verwandten; die Geburt eines Kindes; das Einsetzen der Monatsblutungen.

Wendepunkte sind Irrfahrten des Gefühls, Aufbrüche des Lebens. Sie sind Schnittpunkt und Verdichtung neuer Begegnungen, neuer Bilder, neuer Impulse; sie katalysieren, brüten neue Fülle, laden die Atmosphäre. Sie sind die Wurzeln neuer Richtungen und Selbstbildungen. Sie sind die Bildhauer unserer Körper.

Ein Schrei „So will ich nicht sterben!" weckte mich aus meinem Schlaf. Es war mein Vater. Sein Schmerz war eine Tortur, für ihn, für mich, für meine ganze Familie. Ein ständiger Begleiter der Krankheiten meines Vaters war seine Angst – daß er mit Schmerzen sterben müsse. Ich, wir würden hilflos sein, waren hilflos und würden hilflos zurückgelassen. Angst, Groll, Hilflosigkeit, Schuld, Trauer, Konfusion. Wie sterben? Voll Schmerzen? Vor seiner Zeit? Ohne gelebt zu haben.

Ich hatte mir über das Sterben alter Leute Gedanken gemacht oder über Morde, doch dies war meine erste wirkliche Begegnung mit dem Sterben, die sich in vielfältiger Weise in den nächsten Jahren wiederholte.

Diese Erfahrung war ein hervorstechendes Ereignis, ein Wendepunkt, ein Schritt in meinem Leben, der mich aus meiner Kindheit erweckte zum Beginn meines Mannseins. Ich war einfach größer, älter, weiser geworden. Das Bewußtsein der Zerbrechlichkeit meiner selbst und derer um mich und unserer Begrenztheit war geboren. Ich wußte etwas. Ich dachte anders. Ich fühlte neu. Ich mußte mich auf die Welt, die ich kannte, neu einstellen, denn sie war nicht mehr. Ich wurde ernst. Ein Schuß Melancholie kam in mein Leben.

Jahre später hatte mein Vater einen Herzanfall. Ich war bei ihm. Er bat mich, seine Hand zu halten. Das war ein weiterer Wendepunkt für mich. Ich begriff sofort sein stilles, bittendes „So will ich nicht sterben". Ich verstand, daß mein Vater sein Leben nicht gelebt hatte, daß er krank war und starb als Ausdruck seiner ungelebten Möglichkeiten, seiner Hilflosigkeit und des Versuchs, sein Leben zu ändern.

Die Entdeckung unseres Sterbens ist ein Wendepunkt. Sterben ist wie der erste Schultag. Sterben ruft Hilflosigkeit hervor, das Unerwartete, und stellt das Bekannte in Frage. Sterben gibt neue Richtung, läßt uns neue Mächtigkeit zukommen und alte verlieren. Wir geben Handlungs- und Denkweisen auf, werden unsicher und erregt, wissen, daß etwas Gestalt gewinnt, und wissen nicht, wohin es uns führt. Sterben, wie jeder Wendepunkt, ist ein Übergang, in dem wir uns dem Unbekannten und der zunehmenden Verwobenheit neuer Seinsweisen stellen, neuer Handlungen, neuer Gedanken, neuer Gefühle. Jeder Wendepunkt bedingt den Mut zum Verlust und eine Begegnung mit dem Unbekannten. Das Unbekannte besteht aus dem, was wir nicht erkennen oder unvorhersehbar finden, und aus dem damit verbundenen Gefühl von Hilflosigkeit.

Wir neigen dazu, mit jedem Wendepunkt die Art und Weise, in der wir mit Vorangegangenem umgegangen sind, zu wiederholen und auszuweiten. Was wir am ersten Schultag lernen, legt einen Grundstein für ein Muster sozialer Interaktion, das wiederholt und verstärkt wird durch spätere Wendepunkte. Auf diese Weise werden Muster von Handeln oder Nicht-Handeln, von Gedanken und Phantasien, von ausgedrückten oder zurückgehaltenen Gefühlen wiederholt, eingeprägt und fixiert. Auf diese Weise wird jeder von uns der, als den er sich kennt. Jeder von uns macht sich vertraut mit seiner Antwort auf Wandel oder Krise – mit seinen Ängsten, seinen schlummernden Gefühlen, Körperbewegungen, Spannungen, seinen Rückzügen.

Diese Muster entwickeln sich nicht zufällig. Sie finden Form in der Weise, in der jedes Individuum die vorherrschenden sozialen Mythen interpretiert und beantwortet. Die beiden überwiegenden Mythen unserer Kultur werden um sexuelle Rollen herum geprägt. Die meisten Männer entwickeln Muster in Anlehnung an den Heldenmythos – Vorstellungen von Kraft, Konflikt, vom Kampf gegen Bedrohung und Übel. Der heilige Georg, der den Drachen erschlägt. Der Mann ist widerstandsfähig und aggressiv, zeigt nie seine Gefühle, setzt die Tradition seiner Familie fort und ist bereit, für seine Sache zu sterben, tapfer, ohne zu klagen. Von der Frau erwartet man die Entwicklung eines Musters entsprechend der Märtyrerrolle – Vorstellungen von Dienst und Opfer, ihr Leben gebend, um Mann und Kindern zu helfen, ihre Ziele zu erreichen, immer bereit, andere zu unterstützen; mit der Fähigkeit, Gefühle von Liebe und Verlust mühelos auszudrücken, und der Erlaubnis, ihren Willen für ihre Sache sterben zu lassen; oder auf den Mann wartend, der sie errettet, immer der Preis des Siegers.

Wir lernen solche Muster schon in den Vorschuljahren. Kleine Jungen spielen Soldaten, kleine Mädchen spielen mit Puppen. Mit zunehmendem Alter entwickeln sich Variationen. Der Erfolgreiche oder Wohlhabende lebt den Mythos des Aufgeklärten. Das Leben ist, wie es sein sollte. Tod ist ein Schlag. Eine Resignation. Nimm ihn an. Der Erfolglose oder Frustrierte lebt den Mythos des Narren oder den Mythos von Morbidität und Niederlage. Das Leben ist ein übler Witz, eine Falle. Verwirf es, trotze ihm. Sterben ist sinnlos, der Tod ist die letzte Beleidigung.

Jedermann lebt seine Wendepunkte. Jedermann geht mit ihnen auf einzigartige Weise um. Beliebte allgemeine Mythen werden von persönlichen Mythen und Phantasien überlagert. Der Mythos bietet unaufdringlich jedem Menschenleben Struktur auf diesen subtilen Ebenen an, eine Struktur für den Ausdruck menschlicher Energie in Aktion, Gedanken, Gefühlen, Empfindungen und Körperhaltungen. Und Wendepunkte lösen den Ausdruck von Ärger, Schmerz, Aufregung, Verlust, Opfer, Trauer usw. aus. Indem wir gewahr werden, wie wir mit Wendepunkten umgehen, erleben wir uns selbst, entdecken wir, wie wir mit kleinem Sterben leben. Dein Sterben leben heißt, etwas über die Verwandlungen lernen, die ihren Ursprung in deinen Wendepunkten haben.

Diese Skizze zeigt die Schleife,

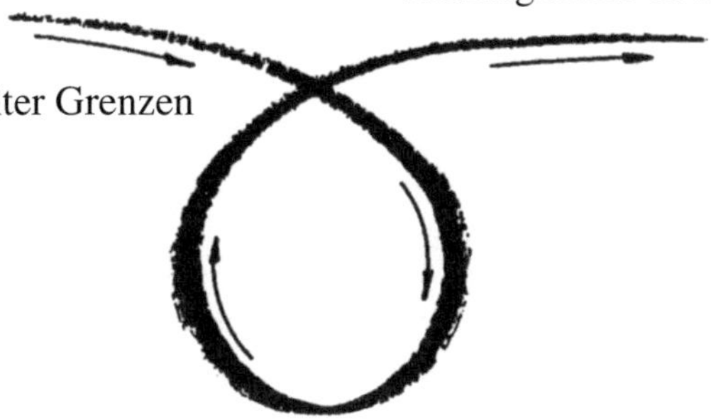

die ich zeichne, um die mit Wendepunkten verbundene Erregungsbildung darzustellen. Sie macht deutlich, wie Grenzen aufgegeben und wie Grenzen wieder gebildet werden.

Der absteigende Schenkel der Schleife deutet an, wo Verlust eintritt, wo neuer Raum geschaffen wird und wo wir emotionale Reaktionen auf Verlust und Raum erleben. Die aufsteigende Seite zeigt, wo neue Erregung erfahren wird, wo neue Möglichkeiten Gestalt gewinnen, wo neue Grenzen gebildet werden. Auf der absteigenden Seite werden alte Gedanken, Ideen, Gefühle, Verhaltensmuster und Verbundenheit aufgegeben. Auf der aufsteigenden Seite werden neue Gedanken, Intuitionen und Gefühle in neues Handeln verwandelt und neue Verbindungen hergestellt. Dieser Zyklus ist der energetische Prozeß, in dem die verschiedenen Stile des Sterbens und Fühlens in Handlungsweisen Form gewinnen und neue Zusammenhänge wahrgenommen werden.

Wir können das Leben beschreiben als eine Reise durch viele Schleifen der Selbstbildung, viele kleine Sterbe-Erlebnisse. Wachstum, Wandel und Reife geschehen durch Verformung des Alten und Formung des Neuen. In diesen kleinen Sterbeerlebnissen können wir lernen, unser großes Sterben zu durchleben.

Wendepunkte sind die Schmelztiegel unseres Lebens, sind die Stufen unseres Geborenwerdens und der Bildung unseres Selbst. Kein Wendepunkt, der nicht von Gefühlen des Sterbens gezeichnet wäre, keine Selbstbildung ohne Abschied und Verlust.

ERREGUNG: ANGEREGT WERDEN, GEWECKT WERDEN

Erregung ist der Kleber, der uns an die Welt bindet. Beim Eintritt von Verlust wird Erregung entbunden. Dieser Verlust an Verbundenheit verursacht zwar Richtungslosigkeit und Angst, doch er setzt auch die für die Bildung neuer Verbindungen notwendige Energie frei. Sterben verursacht Erregung, Ungeformtheit, Unverbundenheit, Nichtwissen.

Sterben hat Faszination – einesteils wollen wir wissen; anderenteils fürchten wir uns, haben wir Angst, zu wissen. Wir können nicht zugeben, daß wir wissen wollen; wir sollen das nicht zugeben. Wir leben in einem Zustand von Ambivalenz, einer Mischung aus Lust und Furcht – Furcht vor dem Unbekannten und Furcht davor, zu wissen.

Erregung ist die Kraft, die Sexualität und Sterben verbindet – das spüren wir alle. Jeder Liebesakt ist auch ein Sterben – die Umkehrung sollte auch, könnte auch zutreffen. Wie Erregung gelenkt wird, wie Erregung sich ausdrückt, anschwellend und abebbend, das ist das Geheimnis des Lebens. Wir sagen, Sex sei lustvoll, Sterben sei angsterregend. Doch beide sind Ausdruck des Lebens – in beiden erweitern wir uns, reichen nach Neuem, überschreiten Grenzen, gehen wir über uns hinaus, ändern wir uns, lassen wir uns auf das Unbekannte ein, sind unbekannt; oder wir schrumpfen, trennen uns, ziehen uns zurück, gehen in die Tiefe unseres persönlichen Kosmos.

Übermäßige Voreingenommenheit mit Gewalt steht in engem Zusammenhang mit Sexualität. Männliche Orgasmusvorstellungen sind oft Bilder des Tötens, in denen in den Körper eingedrungen wird, in denen er geöffnet wird für die Welt, in denen etwas herauskommt, etwas hervortritt, etwas, was sich ändert; die Pistole zeigt auf dich, und es gibt eine Riesenexplosion. Es ist bemerkenswert, daß wir keine weiblichen Sexualvorstellungen vom Sterben haben. Für mich sind alle Gewaltvorstellungen orgastisch; sie deuten die Erregung an, die in die Welt ausbricht. Sie sind natürlich angefüllt mit all jenen Symbolen der Sexualität; doch neben diesen, und das ist wichtiger, sind sie voll der Erregung, die um Einheit weiß, um jene Sehnsucht nach Vereinigung, die allem Leben zugrunde liegt.

Wer glaubt, daß Sterben nur kränklich, mitleiderregend, traurig oder tragisch ist, sieht nur die öffentlichen Vorstellungen. Doch es gibt jene Leute, die ihrem Sterben in risikoreichen Berufen ins Auge sehen, die Sterben riskieren, obwohl es angsterregend ist, die es lieben, andauernd in diesem Zustand hoher Intensität zu leben. Das Geheimnis des Sterbens ist nicht für alle angsterregend. Nicht jeder wütet gegen die Dunkelheit oder fällt ihr unterwürfig anheim.

Sexuelle Aktivität hat zwei Seiten: ein Fluidum von Anziehung und ein Fluidum von Widerwillen, Schattierungen von hart und weich, persönlich und unpersönlich, Liebe und Aggression. Das gleiche Versteckspiel finden wir beim Sterben.

Werden Gefühl und Neugier nicht vertieft durch die Verleugnung? Gibt es den Menschen, der nicht im tiefsten Herzen neugierig ist, wie sein Sterben aussehen wird? Ist da ein Mensch am Leben, der nicht gern voll Erregung stürbe?

Wilhelm Reich wies darauf hin, daß der im Orgasmus gipfelnde Höhepunkt der sexuellen Erregung uns Gelegenheit gibt, außer uns zu geraten, ins Universum einzudringen. Der Orgasmus nimmt uns aus der Welt des Bekannten in die Welt des Unbekannten, läßt uns für kurze Zeit unsere Unbegrenztheit erleben, läßt uns ahnen, was unser Sterben sein kann. Wenn wir orgastische Erfahrungen kennen, sagen wir: „Ich lasse los, ich gebe mich, ich riskiere, ich sterbe, ich schmelze, ich werde eins, ich gehe auf im All, ich gebe mich ein paar Minuten lang dem Unbekannten anheim." Menschen können Angst davor haben, in einem Atemzug zu sagen: „Ich liebe dich" und: „Ich wünsche, ich könnte sterben"; oder: „Ich empfinde diese Liebe als ein Hinschmelzen ins All, wie Sterben"; oder: „Ich gebe im Augenblick all mein Leben nach außen." Menschen haben gelernt, das nicht zu sagen, das nicht zu fühlen.

Eine Frau sagte mir, es sei ihr größter Wunsch, einfach weitergehen zu können, wenn sie einen Orgasmus habe und spüre, wie sie anfange zu schmelzen. Sie sagte mir, sie wolle dann mit dem All verschmelzen und nicht wiederkommen. Es gibt viele Weisen, in der Welt zu sein, und es gibt viele Weisen, sie zu verlassen.

EMOTION: HERAUSGEHEN, FORTZIEHEN

Wir leben immer mit Gefühlen von Verlust, Gefühlen von Hilflosigkeit, von Schmerz, Gefühlen von Ärger und von Angst, die an Wendepunkten auftauchen. Immer wenn wir entbunden sind, wenn Erregung frei wird, steigen Gefühle auf. Manche von ihnen quälen uns, erschrecken uns in der Nacht.

Das Unerwartete ließ mich erstarren, als ich hörte, daß meine Freundin tot war. Tot. An einem so schönen Tag! Der Schock des Unglaublichen ließ mich mein Weinen abwürgen, doch ich fühlte, daß ich weinen sollte. Ich sollte Trauer und Verletzung zeigen, doch mein Unglauben und Ärger brachen zuerst aus mir hervor. Ich schrie: „Was soll das heißen? Was ist passiert?" Ich machte mir, ich machte anderen, ich machte ihr Vorwürfe. Am nächsten Tag mußte ich zwanghaft und rücksichtslos herausfinden, was passiert war, jede Kleinigkeit ihres Sterbens. Mein Schmerz war Sinnlosigkeit, äußerste Sinnlosigkeit. Wozu mußte das im Alter von siebenunddreißig Jahren passieren? In dem Versuch, das Loch, das ich in meinem Leben fühlte, zu füllen, ließ ich meine Trauer durch vorwurfsvollen Ärger verstummen.

Bei der Beerdigung, als die anderen gingen, weinte ich dann tiefer, als ich je in meinem Leben geweint habe. Ich weinte das Ungesagte und Ungelebte aus mir heraus. Und der Trennungsschmerz wurde wirklich. Die Trauer füllte mich und verringerte das Gefühl, allein zu sein, betrogen zu sein durch das unerwartete Sterben, ohne mich. Ich hatte nichts außer einem Ende in der Vorstellung. Von lebendig und vital zu nichts. Jetzt plötzlich ein Loch. Ich ging nach Hause mit meinen Erinnerungen, meinen Gefühlen, einem neuen Selbstgespräch.

Dieser Wendepunkt änderte mein Leben und meine Gefühle, vertiefte mein Wissen um den Preis von Zurückhaltung und Halbherzigkeit. Aus dem Strudel meiner Gefühle und meiner Verwirrung im Zusammenhang mit ihrem Tod stieg der Anfang neuer Erregung auf, die mir neue Beziehungen möglich machte. Was ich mit ihr in meiner Vergangenheit geteilt hatte, nahm ich mit herüber in mein gegenwärtiges Leben, und mehr.

Ich fand, daß Trauern ohne Weinen, durch Singen, durch Jammern, durch Katharsis ausgedrückt werden kann oder aber durch Zurückgezogenheit, Einsamkeit, Isolation, Versenkung, Gebet. Einmal kamen meine Gefühle als Ausbruch, ein anderes Mal als Gerinnen. Ich schrie auf vor Schmerz, oder ich versteifte mich. Der Schmerz trug mich über mich selbst hinaus oder ließ mich zu einer Kugel schrumpfen.

Loslassen meint die Bereitschaft, unbedingt zu erleben, doch das wird vielleicht erst möglich, wenn jemand stirbt. Loslassen bedeutet, daß wir die Grundregel verletzen, nie unserem Körper nachzugeben. Loslassen erweckt Gefühle von Hilflosigkeit. Wir sind „verloren“ und wissen nicht, was tun. Der Schmerz des Verlustes vertieft diese Hilflosigkeit.

Paradoxerweise bringt nicht jeder Verlust dieselben Gefühle in Bewegung. Manche Verluste erkennen wir als willkommene Erleichterungen und danken unserem Geschick dafür. Seht nur, wie manche Leute aufblühen, wenn ihre Gatten sterben.

In all den Jahren meiner Tätigkeit als Therapeut taucht immer wieder die Angst vor Einsamkeit als eine der Ängste auf, die von den meisten Leuten geteilt werden. Diese Angst ist stark genug, Leute davon zurückzuhalten, unerfreuliche Beziehungen zu beenden. Für viele ist eine unerfreuliche oder zerstörerische Beziehung der Einsamkeit vorzuziehen. Es gibt Menschen, die alle möglichen Opfer bringen, nur um sich nicht auf das Gefühl ihrer inneren Leere einlassen zu müssen. Andere drücken diese Angst aus als ein Gefühl, von Empfindungen überwältigt zu werden.

Angst und Ärger sind die grundlegenden Abwehrreaktionen im Leben. Angst ist eine selbstsammelnde Antwort, Ärger eine selbsterweiternde. Angst und Ärger – Rückzug und Angriff. Man benutzt eine dieser beiden Reaktionen, um seine Grenzen beieinander zu halten und Wandel oder Verlust zu verhindern.

Meine Welt bricht plötzlich in Stücke durch das Sterben von jemandem, den ich kenne. Ich fühle Ärger, daß sie mich verläßt, oder ich bekomme Angst, daß ich alleingelassen werde. Meine Antwort ist ein Versuch, den leeren Raum zu füllen oder zu überbrücken in neue Räume. Als Alan Watts Ende 1973 plötzlich starb, war meine erste Reaktion Ärger. „Mein Gott, warum gehst du gerade jetzt, warum tust du mir das gerade jetzt an!" Watts hatte mich enttäuscht, indem er nicht meinen Erwartungen entsprach. Ich brauchte ihn, doch er war nicht mehr.

Ärger und Angst, Ausdehnung und Kontraktion sind völlig natürliche Antworten, obgleich sie nicht immer den erwarteten gesellschaftlichen Vorstellungen von Traurigkeit oder Trauer über das Sterben einer Person entsprechen. Vor allem aber sind diese Antworten notwendig für die Person, sind Antworten, die dazu dienen, die Integrität, die Ganzheit der Person zu wahren und einen Einbruch in die Grenzen zu vermeiden oder zu heilen.

Genauso wie ich jemanden sowohl lieben als auch hassen kann, kann ein Teil von mir wollen, daß jemand stirbt, und der andere nicht. Ein Teil meiner Person versteht und der andere ärgert sich bis zur Weißglut. Ein Teil von mir trauert, wenn jemand stirbt, und ein anderer Teil von mir kann wahrnehmen, daß sein Sterben für mich ein Geschenk sein kann; daß irgendwie das Sterben dieser Person mich befreit oder leer macht oder mich mit neuen Möglichkeiten herausfordert.

Ärger ist eine mächtige Emotion, um mit seinem Ende fertigzuwerden. Ich kannte eine Frau, die an Krebs starb. Sie erzählte mir, daß sie im Traum ihren verstorbenen Ehemann sah, wie er sie um Hilfe bat, die sie ihm ärgerlich verweigerte. Ihre Tochter war überrascht über ihren unnachgiebigen Ärger und ihre Verweigerung dem Ehemann gegenüber. Die Frau antwortete, daß sie auf diese Weise zum ersten Mal ihren Groll über ihr lebenslängliches Märtyrertum ausdrücken konnte. Sie starb ihren Protest; sie gab nicht nach.

Hilflosigkeit ist der Grundschmerz des Lebens. Eine Wunde, die auslöst, was wir als Schmerz – als Störung in der Integrität des Körpers – erkennen, schickt uns eine Botschaft: „Tu etwas." Je stärker die Störung, um so stärker die Botschaft.

Wenn wir uns selbst nicht helfen können, wenn wir nicht antworten können, um den Schmerz zu beheben, dann setzen wir alle Überlebensmechanismen in Bewegung. Selbst ein Kind ist nicht so hilflos. In dem Ausmaß, in dem wir uns unfähig finden, auf uns selbst zu antworten, steigert sich der Schmerz und überwältigt uns oder droht, uns zu überwältigen. Der wirklichste Schmerz ist unsere Hilflosigkeit.

Nina Bull (Autorin von: *The Attitude Theory of Emotion; The Body and Its Mind*) erzählte mir eine interessante Geschichte über ihre Entdeckung der Beziehung zwischen Bewußtheit und Schmerz. Sie bemerkte auf dem Weg zum Zahnarzt, daß sie versuchte, Schmerz zu vermeiden, indem sie sich hart machte. Sie tat eigentlich nicht mehr, als den Schmerz auf ihren Mund zu begrenzen und sich am ganzen Körper totzustellen. Tatsächlich wurde der so eingedämmte Schmerz nur intensiver. Und der Preis, den sie für die Eindämmung des Schmerzes zahlte, war der Zwang, den Rest ihres Selbst vermindern und verleugnen zu müssen. Ich glaube, wir alle machen diesen Fehler, wenn wir mit unserem Schmerz umgehen.

Ninas Geschichte lehrte mich, daß wir uns möglicherweise selbst schaden, wenn wir das, was uns begegnet, durch Versteifen und Zusammenziehen einzudämmen versuchen. Ihre Geschichte ließ mich über Sigmund Freuds scharfsinnige Beobachtung nachdenken, daß in unserem psychologischen Leben jedes Leugnen eine Bekräftigung darstellt.

OPFERN

Opfer sind der stillschweigend körperliche Ausdruck für Wendepunkte. Sie sind der Schacher – oder die Verhandlungen –, durch die wir scheinbar versuchen, das Recht zu leben zu erwerben oder unser Leben wertvoll zu machen, um es wegzugeben. Sie sind Geschäfte, die wir zwischen verschiedenen Teilen unseres Selbst – oder mit anderen – abschließen, die von uns die Einschränkung oder Aufgabe eines Teils unseres Selbst verlangen. Opfer sind die Händel, auf die wir uns in Krisensituationen einlassen und die uns zwingen, uns mit unserer eigenen Selbstbehinderung auseinanderzusetzen. Doch in einem Opfer geht es um mehr als um das Überleben. Tatsächlich formen wir uns selbst in diesen unseren Verhandlungen. Ohne Opfer können wir nie jemand werden. Opfer sind ein wesentliches Merkmal des Bildungsprozesses von jedermann.

Jedes Opfer hat zwei Seiten. Im Austausch für die Minderung oder Eindämmung unserer Ängste lassen wir es zu, teilweise den Lebensstil von jemand anderem zu leben, und verkörpern dessen Haltung in unserer Muskulatur. Der Handel ist zwischen den Rollen, die wir spielen können und die wir nicht spielen können, zwischen den Gefühlen oder Gedanken, die wir aufkommen lassen können oder nicht. Wir entscheiden uns, uns auf eine bestimmte Weise zu verkörpern und dafür etwas zu tun. „Solange ich nicht sterben muß, werde ich so und so sein." „Ich will ein guter Junge sein, also tu mir nicht weh." Wir können das übersetzen in: „Droh mir nicht mit Vernichtung"; oder: „Droh mir nicht mit Ächtung." Das Opfer könnte heißen: „Ich tu, was du willst, wenn du mich nicht ablehnst." Das zu tun, was sie wollen, wird dann als Muskelkontraktion eingefleischt, die du dann deinen chronisch steifen Nacken oder eine Lieblingsüberzeugung nennst. Der Handel, den du abschließt, spiegelt sich darin wider, wie du entscheidest, nicht zu handeln.

Das Opfer beinhaltet ein Versprechen, nicht zu versagen, und ein Versprechen, die Ziele eines anderen – der Mutter, des Vaters, der Kultur – zu erfüllen. Diese stillschweigende Verleugnung des Versagens, ist ein wesentlicher Teil des Handels. Du versprichst, unter keinen Umständen die Kontrolle zu verlieren, auf keinen Fall den Vertrag von deiner Seite zu kündigen. Das führt zu einer überwältigenden Furcht vor dem Sterben, die dem geheimen Wissen entspringt, daß wir, indem wir den Vertrag einhalten, unsere wirklichen Bedürfnisse nicht gelebt haben.

Ein Opfer bringen heißt außerdem, daß wir uns in irgendeine Zukunft projizieren. „Ich will meinen gegenwärtigen Impulsen jetzt nicht nachgeben." „Ich will jetzt nicht allzu sexuell leben, erst wenn ich verheiratet bin." „Ich will jetzt nicht wirklich tun, was ich will. Ich werde es tun, nachdem ich meinen Ehrgeiz befriedigt habe." Dies ist der Teil des Selbst, der begrenzt oder unerfüllt bleiben muß.

In unseren frühesten Lebensjahren führen wir unsere Verhandlungen mit der Umwelt – der Welt außerhalb unseres

Selbst – gewöhnlich mit unseren Eltern. Ungefähr so: „Ich will keinen Tobsuchtsanfall bekommen." „Ich will nicht weinen." „Ich will dir keine Angst machen." „Ich will immer hören."

Wenn Kinder anfangen, in die Schule zu gehen, müssen sie lernen, Teile von sich selbst aufzugeben, um Aufnahme oder Zustimmung zu finden. Sie müssen möglicherweise ihre Spontaneität aufgeben oder einschränken, um die Zustimmung des Lehrers zu gewinnen. Sie müssen unter Umständen gewisse Freuden auf später verschieben. Sie müssen unter Umständen ohne ihre Mütter auskommen. Um Teil ihrer neuen Gruppe zu werden, müssen sie unter Umständen eine Welt opfern, in der sie im Mittelpunkt standen. Wie das Kind lernt, diese Dinge zu tun, was es aufgeben muß, was es zu tun aufhören muß – darin besteht das Opfer.

Später kommt das Angebot zum Handel ausschließlich aus unserem Innenleben. Wir versprechen uns, gute Taten zu tun; wir versprechen uns, nichts zu tun, was anderen wehtut; wir lassen uns für andere tun, was wir sie gern für uns tun ließen. Wir fangen an, mit uns selbst eine ganze Reihe von Kompromissen über unser Verhalten in der Gemeinschaft zu schließen.

Das klassische Opfer lautet so: „Wenn ich ein guter Junge – ein gutes Mädchen – bin, wird mir etwas, wovor ich Angst habe, nicht geschehen." Variationen zum Thema hören sich so an: „Wenn ich freigebig bin, wird Armut mich verschonen." „Wenn ich eine gute Mutter bin, werde ich länger leben." „Wenn ich ein besonnener und großzügiger Führer werde, wird man mich nicht umbringen." „Wenn mich der Lehrer mag, wird mir nichs geschehen, wovor ich Angst habe." „Wenn ich hart arbeite, wird Papa mich liebhaben und mich nicht im Stich lassen.“ Dieses Verhalten ist ein Versuch, alle möglichen Anlässe, Bilder und Gefühle abzuschirmen, von denen wir glauben, daß sie die Möglichkeit des Sterbens schaffen könnten – ein Versuch, Sterben ein wenig zu mildern für uns.

Die Enthüllung unseres Opfers konfrontiert uns plötzlich mit Hirngespinsten von Schuld, Strafe oder dem Unbekannten, das Teil unserer Ängste ist. Ein Opfer in Frage zu stellen heißt, uns denselben emotionalen Kräften stellen, die uns dereinst dazu getrieben haben, dieses Opfer zu bringen. Diese Zwickmühle schafft für uns eine neue Wirklichkeit, in der das Opfer selbst zur Abwehr gegen Gefühle oder Vorstellungen vom Sterben und deren Konsequenzen wird.

Wenn wir ein Opfer enthüllen, setzen wir uns der Drohung aus, hilflos zu sein, und den Gefühlen und Vorstellungen davon, wie Sterben sein wird. In jeder gefährlichen Situation versucht unser Reaktionsmechanismus, die Gefahr aufzuhalten oder zu beseitigen. Das Gehirn befiehlt eine Muskelhandlung, eine Kontraktion. Jene chronische muskuläre Kontraktion beschirmt oder distanziert uns vom Sterben und verlangsamt und verkapselt unseren Lebensprozeß. Unsere Wahrnehmung sagt uns: „Ich bin noch einmal davongekommen.“

Ich erlebe mich unter der Drohung des Todes. Ich bin in heller Aufregung. Dann nehme ich wahr, daß ich mich mit einer Muskelkontraktion geändert habe, daß ich davongekommen bin; ich nehme wahr, daß ich mir eine Alternative ausgedacht habe. „Ich kann nicht weitergehen; ich muß umkehren.“ „Ich kann das so nicht machen; ich werde es anders versuchen.“

„Ich kann mit dieser Person nicht auskommen; ich muß jemand anderen finden." Welche Alternativen wir auch immer finden – sie kommen aus dem Leben der Vorstellung. Der Preis für dieses Gefühl der Selbsterhaltung ist eine Verminderung unseres Seins und die Annahme einer phantasierten Existenz, wie zum Beispiel: „So kann ich länger leben." Chronische Kontraktion hindert uns daran, uns auf die Welt zuzubewegen.

Hier finden wir die Verbindung zwischen psychischer Gefahr und dem Ausleben einer phantasierten Alternative zu dem, was die Gefahr hervorruft, als eine grundlegende Lebenseinstellung. Indem wir lernen, was es zu vermeiden gilt und wie, schaffen wir Verhaltensmuster, deren Konsequenzen wir als wirkliche Einschränkungen und wirkliche Freiheiten wahrnehmen. „Ich kann nicht so leben, wie ich wirklich bin." Die gelebte Phantasie ist eng verbunden mit dem Gefühl des Sterbens, das ihr zugrunde liegt. Unsere gesellschaftliche Welt ist auf der Basis dieses Widerspruchs aufgebaut, und wir schleppen einen Teil davon in unserem Inneren ein Leben lang mit uns.

Ich erlebte einige meiner Opfer zunächst dadurch, daß ich zu lernen versuchte, wie sie sich durch meine Gesten, meine Gedanken und Gefühle ausdrückten. Wer ist dieser Charakter, der ich geworden bin? Was sind die Rollen, die ich in meinem Leben spiele, die ich ICH nenne? Welche Muskelverspannungen zwingen mich in diese Rollen wie ein Anzug, den ich nicht ausziehen kann? Wie habe ich gelernt, die ganze Zeit zu lächeln oder die Stirn zu runzeln oder so ungestüm oder so schüchtern zu sein? Diese Haltungen haben Anteil an der Sprache meines Körpers und der Weise, wie ich in Gesellschaft mit mir umgehe.

KUMMER UND TRAUERN

Kummer und Trauern haben mit Verlassensein und mit Verlust zu tun. Sie sind die natürlichen Folgen des Verlustes von Grenzen. Aller Kummer und alles Trauern dreht sich um abgeschnittenes Verbundensein und wird übertragen in die Art und Weise, wie wir Abschlüsse finden oder nicht finden. Kummer ist das Gefühl von Verlust über die abgerissene oder unterbrochene Verbindung, und Trauern ist der Prozeß, in dem wir jenen Verlust in unser Leben einbauen. Kummer beginnt gewöhnlich mit dem Unerwarteten und ist der emotionale Ausdruck dieses neu geschaffenen Raumes oder dieser abgeschlossenen Verbindung. Trauern ist der Prozeß des Durcharbeitens des Kummers.

Kummer über das Sterben eines anderen und Kummer über dein eigenes Sterben haben viel gemeinsam, ebenso wie die Trauer über den Verlust eines Freundes und die Trauer über den Verlust deiner selbst. Sie sind unter Umständen dasselbe. Im allgemeinen folgt in beiden Fällen dein Vorgang des Trauerns demselben Muster: anfänglicher Schock; Gefühl und emotionaler Ausdruck steigen auf; Unabgeschlossenes wird durchgearbeitet; neue Beziehungen mit dir selbst und anderen werden erreicht. In beiden Fällen ist das Objekt deines Kummers und deines Trauerns dein Selbst, doch in dem einen Fall bist du der

Überlebende, und in dem anderen Fall bist du es nicht. Es kann einer möglicherweise vom Erleben seines Kummers und seines Trauerns um andere lernen, über den Verlust seiner selbst bekümmert zu sein und zu trauern.

Es ist fast immer so, daß die emotionale Wucht des Todes oder des bevorstehenden Todes von anderen uns das Gefühl gibt, daß ihr Sterben tragisch ist. Wir haben die Vorstellung, daß der Tod der Person eine Unterbrechung ihres Lebens ist und dagegen verstößt, wie das Leben dieser Person hätte sein sollen. Tragische und angstvolle Gefühle sind jedoch nicht allgemeingültige Reaktionen, sind nicht die einzige Art, mit dem Tod eines anderen umzugehen. Diese Vorstellung ist vielmehr eine eigenartige Ansicht unserer Kultur, eine Idee, die mit größter Wahrscheinlichkeit einem unpersönlichen Beobachter kommt, jemandem, der der Folge organismischer Ereignisse, die die sterbende Person durchlebt hat, fernsteht. Jene andere Einstellung – daß der Tod der Person nicht ein unglückliches Ereignis oder etwas Tragisches oder eine Unterbrechung ihrer organismischen Existenz zu sein braucht, sondern die logische Beendigung ihres Prozesses sein kann – vermittelt ein völlig neues Gefühl für den Tod und eine neue Vorstellung vom Tod eines anderen und deines eigenen Todes. Man kann schon den Tod eines Menschen als gesellschaftlich tragisch ansehen, insofern er starb, bevor er ein offensichtliches oder erwartetes Geschick erfüllte (John F. Kennedy ist ein gutes Beispiel). Doch der Organismus gibt gesellschaftlichen Wirklichkeiten nicht den höchsten Vorrang. Auch das Gegenteil kommt vor, denn Trauern muß nicht Traurigkeit und Verlust bedeuten. Der Tod eines Menschen kann als Erleichterung, sogar als Freude empfunden werden, als neue Freiheit. Ich denke an die Berichte von Ekstase bei der Nachricht von Stalins Tod. Tatsächlich kann der Tod der gleichen Person viele verschiedene Reaktionen von Kummer bis Freude auslösen. Doch für jeden, der damit zu tun hat, gibt es ein Trauern – unabhängig von seiner besonderen Emotion.

Trauern gibt uns die Freiheit, Gefühle auszudrücken, die unter normalen Lebensumständen nicht ausgedrückt wurden oder werden konnten. Das Trauern über den Tod von anderen ist eine Gelegenheit, unser eigenes Sterben zu proben. Doch Trauern ist mehr. Es ist auch ein Ritual für den Ausdruck einiger unserer tiefsten und wesentlichsten Gefühle unseres Lebens.

Du kannst krank werden, wenn du die Äußerung deines Kummers behinderst. Du fängst möglicherweise an, mit chronischer Depression zu trauern, oder in Zwangsrituale (wie Ticks oder dauerndes Händewaschen) oder in übertriebenen, unkontrollierbaren Ärger zu verfallen. Ungelebter Kummer kann Schmerz, Depression, Angst und skurriles Verhalten verursachen, indem wir zum Beispiel das Zwiegespräch mit den Verstorbenen weiterführen, als ob sie noch am Leben wären, indem wir versuchen, die alten Beziehungen aufrechtzuerhalten, und der Notwendigkeit für neue Beziehungen nicht nachgeben. Jeder von uns hat Angst davor, Ärger und Traurigkeit auszudrücken, hat Angst davor, zu weinen und zu trauern über den Verlust von Teilen von uns selbst, die wir auf bestimmten Stufen unseres Lebens aufgeben mußten. Jeder von uns hat Angst davor, auf diese Weise Kontrolle über sich selbst zu verlieren.

Doch wenn Kummer nicht entsprechend ausgedrückt wird, wird er wieder und wieder auftauchen als Teil unseres ungelebten Lebens – als Phantasien und Ängste.

Eine junge Frau, der ich begegnete, entlud dramatisch die Emotionen, mit denen sie seit dem Tode ihres Vaters gelebt hatte. Das Ganze geschah in einer Arbeitsgruppe über Sterben und Tod. Die Frau kam zusammen mit zwanzig oder mehr anderen Leuten an. Die Gruppe machte die Runde, damit jeder sich vorstellen konnte, bis die Reihe an die Frau kam, die beinah unfähig schien zu sprechen. Sie war eine attraktive Frau Anfang zwanzig, und sie war zutiefst aufgewühlt. Sie hielt ihren Kopf schief auf eine Seite und schien große Schwierigkeiten zu haben zu sprechen. Kaum hatte sie uns ihren Namen gesagt, platzte sie heraus damit, daß ihr Vater gerade erst vor zwei Wochen an Krebs gestorben war. Im Laufe der zwei Tage der Arbeitsgruppe kam Stück für Stück ihre ganze Geschichte zutage.

Sie war durcheinander, weil sie keine Gefühle für ihren Freund hatte, und sie war verwirrt, weil ihr Vater gestorben war. Sie schien sehr ärgerlich darüber, daß ihr Vater sich so schwächlich in den Händen der Ärzte seinem Schicksal ergeben zu haben schien und daß er sie verlassen hatte. Sie war eifersüchtig auf ihre Mutter, von der sie glaubte, daß sie den Märtyrer-Vater nicht wirklich liebte und achtete. Sie wollte die Liebe ihres Vaters und war ärgerlich und frustriert, daß sie ihn sowohl an ihre Mutter als auch an den Tod verloren hatte. Bei der Beerdigung hatte sie heimlich eine Rose in seinen Sarg eingeschmuggelt.

Ich möchte hier zweierlei sagen. Erstens: Die Vielschichtigkeit des Gefühls, die diese Frau ihrem Vater und sich selbst gegenüber ausdrückte, ist uns allen gemeinsam, bleibt jedoch oft aus Angst oder Scham verborgen. Zweitens: Während diese Frau im Verlauf der Gruppe ihre Gefühle ausdrückte, verminderte sie sichtbar ihre Ängste und Spannungen und gewann zeitweise sogar ihre natürliche Stimme wieder. Ich weiß nicht, ob sie unter ärztlicher Betreuung stand, und ich habe sie auch nie wiedergesehen, doch dieser Teil ihres Lebens zeigt deutlich eine Zwickmühle auf, die viele von uns kennen. Kummer, der nicht als Trauer ausgedrückt wird, taucht als gestörtes organisches oder soziales Verhalten wieder auf.

Im Erleben dieser Frau und in jedermanns Erleben spielt die Tatsache mit, daß wir auf das Sterben gesellschaftlich nicht vorbereitet werden. Die meisten Menschen reden nicht über das Sterben – sei es ihr eigenes oder das eines anderen –, weil niemand die notwendige Rolle spielt, die solche Gespräche ermöglichen würde. Nur wenige Priester, Ärzte oder Bestattungsdirektoren wollen mit den emotionalen Prozessen des Sterbens irgend etwas zu tun haben. Doch man kann die Erlebnisse der Menschen nicht verleugnen. Jedermann hat Vorstellungen vom Altern, von Vereinsamung, Krankheit, Schmerz, Sterben und dem, was danach kommt. Gewöhnlich behält man diese Vorstellungen und ihre entsprechenden Befürchtungen bei sich, bis sie durch Kummer und durch Verlust ausgelöst werden.

Wie wir über unsere Trauer, über den Tod eines anderen sprechen, hängt mit unserem eigenen Tod zusammen. Wie wir auf den Tod eines anderen reagieren, zeigt, wie wir auf unseren eigenen reagieren werden. Jeder von uns trauert zu seinen Lebzeiten über den Verlust eines Freundes und über den Verlust von bestimmten Lebensstufen wie Kindheit oder Jugend. Diese Erfahrungen können uns trauern lehren. Durch sie können wir lernen, uns um uns zu kümmern und um uns zu trauern.

Zum Prozeß des Trauerns um uns selbst gehört, daß wir den Tod unseres Körpers und unseres sozialen Selbst beklagen. Wir beklagen den Verlust der Tiefe in den Beziehungen, die unsere Körper eingehen konnten und die unser soziales Selbst eingehen konnte. Wir kommen nicht darum herum. Der Tod des Körpers ist der Tod des Körpers, und wir müssen ihn betrauern. Ich sehe im Tod von anderen meinen eigenen Tod. Ich sitze am Totenbett eines anderen und halte seine Hand, doch ich meditiere über mein eigenes Sterben.

Ich erinnere mich daran, wie ich eine ganze Weile um eine Freundin trauerte, die vor einigen Jahren starb. Und mein Trauern pendelte zwischen tiefer Traurigkeit und Ärger. Ich erlebte ihren Tod als eine Ungerechtigkeit (sie starb bei einem Verkehrsunfall) und ärgerte mich über ihre Dummheit, sich umzubringen. Tiefe Traurigkeit, Weinen, Sehnsucht und Ärger waren meine Emotionen. Eines Tages erschien sie mir in meinem Traum. Sie machte mir klar, daß meine Schwierigkeit darin bestand, daß ich das Unvermeidliche zu vermeiden suchte. Da verstand ich, daß Teil meines Trauerns dadurch verursacht war, daß ich jene Tatsache nicht annehmen wollte. Jedermanns Sterben ist unvermeidlich. Ich wiederholte mir innerlich immer und immer wieder alles, was hätte getan werden können, um sie am Leben zu erhalten, und alles, was sie selbst hätte tun können.

Und nun erinnerte sie mich in meinem Traum, daß ich das Unmögliche versuchte. Die Erfahrung jenes Traumes lehrte mein Ich Bescheidenheit, doch ich raste weiter. Dann hatte ich einen anderen Traum, und dieses Mal sagte mir meine Freundin: „Warum läßt du mich nicht gehen? Du quälst mich, so wie du mich festhältst." Später hätte ich diesen Traum verstehen können, wie jemand Lebendiges zu mir kommt und mir sagt: „Du quälst mich, wie du dich an mich klammerst mit all diesen negativen Gefühlen oder all diesen liebevollen Gefühlen." Ich sah ein, daß die Trauer zu Ende war und daß ich ihr Bild gehen lassen mußte, und daß sie nicht mehr da war; daß wir eine neue Beziehung hatten, in der sie Teil meiner selbst war und doch auch verschwunden war. Mein Trauern war auf diese Weise schließlich beendet.

ENDEN

Wendepunkte sind das Ende des Alten und der Anfang des Neuen. Sie machen bewußt, wie wir Ereignisse beenden; wie wir uns Abschlüsse versagen oder daran teilnehmen. Wir fürchten Abschlüsse und wünschen uns, neue Ereignisse schlummerten weiter unerweckt.

Enden geschieht auf verschiedene Weise. Denk an ein zerbrochenes Ei, das über seine Grenzen schwappt; oder an das hartgekochte Ei, das, sich verfestigend oder erstarrend, sich wie eine Kugel im Raum einkapselt und keine Verbindung mit der Welt hat. Wir können unseren Raum als leer oder dicht, ungefüllt oder überfüllt erleben.

Beenden läßt uns das Unbekannte ins Auge fassen. Abschlüsse zwingen uns, uns auf neue Beziehungen einzulassen, oder bieten uns zumindest eine Gelegenheit dazu. Trauern ist die Folge von Abschied und Beenden. Man könnte Beenden das Füllhorn eines Wendepunktes nennen. Viele Leute sagen: „Dieser Mensch ist unersetzbar für mich.“ In Wahrheit zwingt uns Abschiednehmen dazu anzufangen, uns mehr auf uns selbst zu verlassen, oder gibt uns zumindest eine Gelegenheit dazu.

Doch die Menschen vermeiden Enden. Die Gefühle sind zu unwiderruflich. Enden und Abgeschlossenheit machen Menschen Angst. Statt Enden finden wir Flucht, Rückzug und Rationalisierungen. Ändert nichts an dem Zimmer des Toten. Tut so, als wäre alles beim alten. All die Kleider, all die Bilder, all die kleinen persönlichen Dinge bleiben an Ort und Stelle, als ob sie zum täglichen Gebrauch bereitlägen. Haltet die Gefühle auf demselben Gleichmaß. Vermeidet Einsamkeit. Das ist ein Nicht-Ende. Werde stoisch, realistisch. Oder aber: Der Tote hat nie gelebt, und aller Raum, den er einnahm, wird verleugnet. Ein scharfer Schlußstrich. Die erste Einstellung dehnt die Vergangenheit in alle Ewigkeit aus, die zweite durchtrennt jede Verbindung für immer. In beiden Fällen geschieht nichts Unerwartetes. Das schließt all die Dinge ein, die wir mit Schuldgefühlen verbinden, die wir gern ändern würden, die uns ängstlich und traurig machen – all die Enttäuschungen, die für all die unverwirklichten Möglichkeiten für besseren Kontakt oder emotionale Erfüllung stehen.

Unbeendete Ereignisse müssen beendet werden, bevor wir den toten Mitmenschen oder das tote Selbst sterben lassen können. Das trifft dann zu, wenn es sich um eine Person handelt, die körperlich schon viele Jahre tot ist. Wir tragen diesen Menschen in uns selbst mit uns herum, unfähig, uns von ihm zu trennen, unwillens, den Leerraum einzunehmen, nicht bereit, einen Kreis zu schließen. Es scheint so, als könnten wir unser eigenes Leben oder das Leben eines anderen verlängern, indem wir uns weigern, die emotionale Beziehung zu verändern.

Beenden ist ein wichtiger Teil des Trauerprozesses. Das Durcharbeiten unserer Abschiede ermöglicht uns, unsere Beziehungen neu zu bestimmen, was tot ist aufzugeben, anzunehmen, was lebendig ist, und voller in der Welt zu stehen, um der neuen Lage zu begegnen. So wie Trauern eine Zeit emotionaler Freiheit darstellt, bieten Abschiede die Möglichkeit für den Ausdruck dieser Freiheit.

Unabgeschlossenheit taucht wieder auf, wenn wir über unsere Beziehungen zu Eltern oder Freunden sprechen, von denen wir durch Entfernung oder Tod getrennt sind, und all die Dinge ausdrücken, die wir sagen oder tun oder nicht sagen oder tun wollten. Zum Beispiel: „Ich kann mich von meinem Vater nicht verabschieden. Ich wollte ihm immer einmal sagen ‚Ich hasse dich von ganzem Herzen'." Oder: „Ich wollte ihn immer gern wissen lassen, daß ich seinen Zwiespalt verstehe." Unabgeschlossenheit enthält abgestorbenen Ausdruck, wobei die Konsequenzen des Ausdrucks nicht durchgearbeitet sind – wie zum Beispiel das „Ich hasse dich" noch in der Luft hängt, weil die Verbindung abgebrochen ist.

Wir wehren uns gegen Abschiednehmen, weil es dem Verlassenwerden so ähnlich zu sein scheint. Wir nehmen Intimität so wenig wichtig, daß wir am Ende unseres Lebens nur einer Handvoll Leuten wirklich nahegekommen sind. Jedermann hält sich an eine für alle Seiten annehmbare, unausgesprochene Übereinkunft, eine gewisse Distanz zu wahren. Wenn diese Grenze überschritten wird, werden Angstgefühle lebendig. Wir bekommen das Gefühl, Gefahr zu laufen, daß wir Kontrolle oder Macht verlieren könnten.

Abschiednehmen, Beenden erscheint uns als ein ähnlicher Verlust von Orientierung oder Kontrolle. Wir erleben uns plötzlich als einen kleinen Fleck in einem unbegrenzten Universum. Intimität kann uns als sicherer Hafen dienen. Abschiednehmen – eine nahe Beziehung verlieren – ruft als Reaktion denselben Verlust von Orientierung hervor wie eine Invasion durch Intimität von außen. Wir haben Angst loszulassen, durch den unbegrenzten Raum zu treiben, durch unsere Gesellschaft zu treiben, Verbindungen zu verlieren, im sozialen Kosmos uns treiben zu lassen. Wir fürchten den Verlust an Kontakt. Wir haben Angst, bei einer neuen Gelegenheit nicht wieder Nähe erleben zu können.

Ende verstärkt die Vorstellung, daß das Leben eine begrenzte, lineare Verbindung sei und daß der Abbruch der Verbindung, der Verlust des Kontaktes den Verlust des Lebens bedeute. Mit dem Abschiednehmen fürchten wir, dem Ende unserer begrenzten Existenz nahezukommen; wir verlieren unser Selbst in diesem Leben und dann – nichts.

In Wirklichkeit jedoch legen Beendigungen den Grundstein für neue Beziehungen. Die Menschen fürchten Beendigungen, weil sie damit ihre Macht der Welt überlassen müssen. Doch auf der anderen Seite von Beendigungen ist das Tor zu neuer Macht und neuen Beziehungen, zu einer neuen Weise, in der Welt zu sein. Sterben ist eine neue Weise, in der Welt zu sein. Ein Ende gibt den Boden für eine Beziehung zwischen uns und dem Unbekannten.

Ich hatte einen Patienten, der in Deutschland geboren und in Europa aufgewachsen war. Nach dem zweiten Weltkrieg ging er zu C.G. Jung, um an einem bestimmten Problem zu arbeiten. Aber Jung sagte ihm: „Ich kann Sie nicht nehmen; ich nehme keine Patienten mehr an. Ich bereite mich darauf vor, zu sterben.“ Das war ungefähr ein Jahr, bevor Jung starb. Aus dieser Geschichte erkenne ich, daß Jung sein Leben gut kannte. Er brauchte Zeit, um seinen Prozeß ein Ende finden zu lassen. Er verstand es, an seinem Leben teilzunehmen. Er verstand es, sein Ende zu vollziehen, und er durchlebte dieses Ende ganz.

STERBEN MIT ED

Ich erinnere mich, wie ein Freund von mir starb, als wir beide siebzehn waren. Er starb an Krebs. Ich erinnere mich, wie sich unsere ganze Bande versammelte und einen Marsch auf die Krankenhausstation veranstaltete, als ob allein schon unsere Kraft und Entschlossenheit seine Heilung bewirken könnten. Ich erinnere mich an die strikt einzuhaltenden Besuchszeiten und an die idiotische Zwangsjacke von Verhaltensweisen, denen sie meinen Freund unterwarfen und denen wir uns selbst unterwarfen. Jeder wußte, daß er sterben würde. Doch sie zwangen ihn, Krankenhausessen zu essen, während er nichts anderes essen wollte als eine heiße Wurstsemmel, die wir ihm zuschoben. Ich erinnere mich auch, wie er heimlich rauchte, weil auch das nicht erlaubt war. Sterben war für ihn die gleiche Rebellion gegen das Gefängnis von Hilflosigkeit, das ihn seit seiner Kindheit umgab.

Erst als ich mich viele Jahre später um eine Patientin kümmerte, die an Krebs litt, verstand ich Eds Sterben und seine Beziehung dazu. In der Arbeit mit dieser Frau berichtete sie mir über ihre Gefühle und Gedanken, ihren Groll und ihren Haß, den sie mit sich herumtrug und ihr ganzes Leben mit sich herumgetragen hatte; den Groll darüber, daß sie sich vom Leben betrogen fühlte dadurch, daß sie viele Mütter hatte und von einer Familie in die andere verfrachtet worden war. Die Erfahrungen, über die sie mit mir sprach, waren wie eine Konservendose mit schwarzen Würmern in ihrer Brust. Wenn ich ihre Brust ansah, sah ich Leere und Niederlage. Während sie ganz langsam begann, etwas leichter zu atmen, berichtete sie mir, sie habe das Gefühl der Niederlage, weil sie nie bekommen konnte, was sie wollte. Ein tiefes Sehnen, das mir Angst machte, erschien in ihren Augen, und sie sagte zu mir: „Ich will, was du hast." Sie zog mich an ihre Brust, klammerte sich eng an mich, voll Angst. Sie erzählte mir, daß sich nie jemand um sie gekümmert hätte, daß sie nie diese Wärme bekommen konnte, nach der sie so sehr verlangte. Ich verstand ihre Weise zu sterben als ein Schrumpfen in Niederlage und Hoffnungslosigkeit. Ihr Tod war ein Protest gegen den Mangel an Liebe für sie in dieser Welt. Ich verstand, daß jede ihrer drei Ehen, die alle als Schiffbruch endeten, Wendepunkte waren, und daß sie jetzt buchstäblich nicht mehr leben wollte.

Ich erinnerte mich dann, daß Ed zwei Jahre vor seinem eigenen Tod seinen Vater verloren hatte – einen Mann, zu dem er eine tiefe Verbindung hatte. Er hatte nie um seinen Vater getrauert. Er wurde einfach ein Tunichtgut, ließ die Schule sausen und hing in Billardsälen herum. Niemand sah die Verbindung. Eds Weise zu sterben, erstarrend und schrumpfend, mit seinem unausgedrückten Ärger über sein Gefühl der Vaterlosigkeit, drückte sich als tapferer Gleichmut aus, und er starb.

Ich erinnere mich, daß wir alle, seine Freunde, sein Bruder, seine Mutter, tapfer für den Schein lebten, daß er wieder gesund würde. Ich erinnere mich an all die Späße, die wir machten, um ihn aufzuheitern. All das tapfere, scheinheilige Zeug. Außerhalb seines Zimmers erstarrten wir dann alle in Angst. Wir litten alle gleich an dem Schrecken seines Schicksals, doch wir konnten unsere Ängste nicht ausdrücken. Ich habe oft darüber nachgedacht, ob mein Freund in dem Glauben starb, wir machten uns nichts aus ihm oder wären unfähig zu fühlen. Sogar jetzt, da ich diese Geschichte erzähle, fange ich an, Trauer darüber zu empfinden, daß ich seine Angst und meine Angst nicht mit ihm teilte. Vielleicht kann ich jetzt endlich etwas abschließen, das 25 Jahre lang unbeendet geblieben ist. Wir hatten dich gern, Ed. Wir hatten dich gern, doch wir hatten Angst. Du hast uns gefehlt. Wir hatten Angst und waren voll Ärger. Für mich ist da immer noch ein Loch.

Kürzlich las ich in der Zeitung von einer bemerkenswerten jungen Dichterin, die an Krebs starb. Es ist interessant, daß berichtet wurde, ihr Tod sei „irgendwann zwischen ein und zwei Uhr“ eingetreten. Niemand konnte genauere Angaben machen. Ihr Mann saß neben ihr und sang und las ihr ihre Lieblingsgedichte vor. Ihre Kinder gingen an diesem Tag in die Schule. Die Familie hatte ihrem nahenden Tod seit vielen Wochen ins Auge gesehen. Die Frau starb zu Hause, ruhig, ohne heroische Maßnahmen.

Wie gern ich mit Ed gesungen hätte. Wie sehr ich mir wünsche, wir hätten an Eds Sterben teilnehmen können, statt so zu tun, als glaubten wir an Wunder. Ich weiß nicht, wie du aussahst, als du starbst, Ed, oder was du zu sagen hattest. Keiner von uns wußte das. Wir waren alle von dir abgeschnitten durch eingefahrene Routine. Wir waren hilflos in unserer Furcht. Du hattest körperliche Schmerzen; wir hatten seelische Schmerzen. Du fühltest dich betrogen durch den Verlust deines jungen Lebens; wir fühlten uns betrogen durch deinen Verlust und weil in uns etwas abstarb. Doch nichts von alledem wurde ausgedrückt, nicht ein Wort. Wir waren zu entsetzt. Wir sahen dein Sterben, und wir erkannten unser Schicksal. Wir bewegten uns nur an der Oberfläche des Lebens; wir zeigten einander nie in unserer emotionalen Tiefe. Wir maskierten unseren Ärger, unsere Hilflosigkeit, unsere Angst und unseren Schmerz.

Die meisten von uns waren erleichtert, als Ed schließlich starb. Die Last seines Leidens war vorbei, und damit auch die Last unseres Leidens. Unausgedrückte Gefühle neuer Aufregungen kamen in der Bande auf. Wir konnten uns wieder dem Lebendigen verbinden. Während Eds Sterben fühlten wir uns stärker anwesend als lange zuvor. Besonders fühlten wir unsere Körper und unsere Zerbrechlichkeit.

Was für ein Wendepunkt das für mich war! Das Opfer, das mir abverlangt wurde, war meine Unschuld und mein Unwissen. Ich war erschüttert, daß die Jungen starben, daß der Tod mir selbst so nahe war. Die Rollen, die wir spielten – ich selbst, Ed und die Familie –, waren so nackt. Und wie wir sie alle ausspielten bis zum bitteren Ende. Das war ganz anders im Fall der Dichterin, deren Mann für sie sang und ihr vorlas und deren Familie an ihrem Sterben teilnahm. Im mittelalterlichen Europa fand Sterben oft in aller Öffentlichkeit statt. Freunde und Vorübergehende sammelten sich im Zimmer des Sterbenden.

Doch als in Eds Beerdigungszeremonie die Zeit kam und sie alle seine Freunde baten, seinen Sarg zum Leichenwagen zu tragen – uns alle, wie wir dort in der ersten Reihe saßen –, da brachte ich es nicht fertig aufzustehen und es zu tun, obwohl es andere Freunde taten. Ich ging nicht mit zum Friedhof. Ein Freund und ich gingen zusammen nach Hause, und wir entwickelten unsere Vorstellungen über Tod und Sterben. Wir redeten darüber, wie gruselig es war in der Nähe des Toten, darüber, daß nach dem Tod nichts ist, darüber, wie der Tod ein Feind sei, der zuschlägt, und wie man immer auf der Hut vor ihm sein müsse. Die meisten Tode waren wie Hinrichtungen; man konnte nichts tun als warten. Diese Gedanken wappneten uns gegen den Prozeß des Alterns. Wir verdammten ein Sterben unter Fremden und wir hofften, unser Tod würde schnell und ohne unser Wissen kommen. Wir fingen an, Ed abzuschieben in unser Vergessen. Ich vergaß, mich von dir zu verabschieden, Ed.

Großes Sterben bahnt den Weg für kleines Sterben. Eds Sterben ließ die Bande auffliegen, warf jeden von uns auf sich selbst zurück für eine Zeit. Eds Tod war eine Erleichterung, eine Erleichterung von der Intensität unserer Emotionen, doch keine Erleichterung unserer Unabgeschlossenheit, die sich für mich bis zum heutigen Tag fortgesetzt hat. Ed war eine abgebrochene Verbindung in meinem Leben, bis zu diesem Moment, da ich darüber schreibe.

Ed litt körperlichen Schmerz und den Schmerz über den Verlust seines Lebens. Wir konnten ihn ihm am Gesicht ablesen und waren zutiefst erschrocken. Wir litten emotionalen Schmerz und an der heimlichen Furcht, so leiden zu müssen, wie Ed litt. Eds Sterben rief in mir meine Angst vor Schmerzen hervor, und ich begegnete ihm aus dieser Angst heraus. All dies war Teil unseres stillschweigenden Gesprächs in seinem Krankenzimmer. Einmal sprach Ed mit uns über das Ausmaß seiner körperlichen Schmerzen. Danach vermieden wir, ihn das wieder tun zu lassen. Da gab es Dinge, die ich erst noch entdecken mußte über Schmerz und über seine Verbindung zur Hilflosigkeit. Ich glaube, daß im Grunde die Angst vor Schmerz die Angst ist, davon überwältigt zu werden. Hilflos gemacht zu werden, hilflos ohne Menschlichkeit.

Außerhalb des Krankenzimmers sahen wir Eds Mutter jammern und klagen, klagen darüber, daß sie eine Beziehung aufgeben mußte, die gar nicht mehr bestand. Sie konnte ihre Beziehung zum Leben ohne Ed noch gar nicht fassen. Ed war nicht vorbereitet darauf, den Verlust seiner selbst ins Auge zu fassen – sein langer Krankenhausaufenthalt im Bett half da auch nichts. Von dem Moment an, in dem er diagnostiziert und in jenes Krankenzimmer gesteckt worden war, wurde Ed – für die eingefahrene Routine – einfach reduziert zu einem weiteren Sterbenden. Er mußte mit einer Situation fertigwerden, mit der jeder Sterbende fertigwerden muß, in der sein normales tägliches Tun unterbrochen wird, umgewandelt wird in den Vollzug des Sterbens, das in dem Moment zu seinem Leben wird. Ed war nie in der Lage, mit dem Verlust seines Lebens fertigzuwerden. Niemand spricht darüber, doch Sterbende finden sich in der Lage von Toten, bevor sie wirklich tot sind. Sie werden entfremdet, abgeschnitten von der gesellschaftlichen Wirklichkeit. Sie sind unsere lebenden Toten.

Seit Eds Sterben und seit dem Sterben anderer Menschen, bei dem ich dabei war und teilgenommen habe, habe ich allmählich zugelassen, das Unausgedrückte aus mir auftauchen zu lassen. Mehr und mehr erlebe ich mich – meinen Schrecken, mein Gefühl von Verlust, meine Erregung und meine Neugier, meine Hilflosigkeit, meinen Ärger, meinen Schmerz und die Dichte meines Kontaktes. Ich habe mich aus diesen Erfahrungen lernen lassen. Jedermanns Sterben ist ein Modell für unser eigenes Sterben. Jedermanns Sterben ist eine emotionale Lernsituation. Die Natur lehrt uns unser Sterben durch Teilnahme und durch Beispiel. „Wir werden alle als Sterbende geboren." Früher war Sterben mehr ein Familien- oder Stammesereignis als heute, ein Ereignis, in dem die Geheimnisse dieses Urerlebnisses das Leben der Menschen bereicherten.

Die meisten von uns sterben einen zahmen Tod, ohne eine Spur von unserer Vorstellung von Leben und Tod zu hinterlassen. Doch ich habe einen Freund, der an Leukämie starb. Er konnte mit seinem Sterben keinen Frieden schließen; er zertrümmerte mehrere Male das Krankenzimmer. Nicht einmal ein LSD-Trip half. Alle sagten, er sei infantil. Doch für ihn war es eben nur auf diese Weise möglich, etwas Frieden zu schließen. Er sah, daß er nicht stumm sterben mußte, also starb er im Protest. Er schockierte jenes Hospital in Salt Lake City, denn er „wollte sich nicht benehmen". Er wollte nicht abdanken von sich selbst. Dylan Thomas schrieb dazu: „Geh nicht sanft in jene gute Nacht; rase, rase gegen das Sterben des Lichtes."

Für manche Menschen ist Klagen, Schreien und Toben Teil des Lebens ihres Sterbens. Andere leben ihr Sterben, indem sie einfach offen über ihre Ängste, ihre Gedanken und ihre Wahrnehmungen sprechen und Teil der Familienstruktur bleiben. Ich kannte einen Mann, der zu mir in großer Unruhe wegen des Todes seiner Frau kam. Er hatte mit ihr bis zum letzten Ende Kontakt aufrecht erhalten wollen. Doch er fühlte, wie sie ihm entglitt, bis ihre Sprache völlig sinnlos schien. Kurz bevor sie starb, fing sie an, ihn um Wechselgeld zu bitten, so daß sie den Bus nehmen konnte. Immer wieder bat sie ihren Mann um Wechselgeld. Er war sprachlos und wußte nicht, was tun.

Manche nennen das Delirium oder machen den Drogeneffekt dafür verantwortlich. Doch ich glaube zu sehen, daß der Körper in jenem Moment nahe dem Tode seinen Prozeß weiterlebt und nicht besonders bedroht ist, selbst wenn die Ärzte und Freunde sich bedroht fühlen.

Vielleicht war die Bitte dieser Frau symbolisch zu nehmen. Vielleicht bedeutete Wechselgeld für den Bus ihre Bitte um Erlaubnis, ihr Ende machen zu dürfen, sterben zu dürfen. Was wäre gewesen, wenn der Ehemann versucht hätte, die Welt seiner sterbenden Frau zu teilen, indem er ihr verbal oder mit Gesten oder irgendwie sonst das Wechselgeld gegeben hätte?

Ich arbeitete einmal mit einem Freund in einer Gruppe. Er schaute mir gerade ins Gesicht und sagte, er habe das Gefühl, in Ohnmacht zu fallen. Er sagte einfach: „Mir ist danach, in Ohnmacht zu fallen.“ Ich sagte: „Nur zu!“ Und er tat es. Er fiel einfach da, wo er stand, in Ohnmacht. Es waren keine Vorzeichen zu erkennen, daß er blaß oder schwach ausgesehen hätte. Er sagte, ihm sei nach Ohnmacht zumute, also gab ich ihm die Erlaubnis dazu.

Einer meiner Freunde, der in einem Militärhospital Forschung mit bewußtlosen Patienten trieb, erzählte mir, daß Patienten im Koma gewöhnlich behandelt würden, als seien sie tot. Alles um sie herum war still und steril. Dieser Glaube, daß komatöse Patienten tot seien, wird heute nicht mehr aufrechterhalten. Die heutige Therapie besteht darin, daß man diese Leute in Korridore stellt, Radiomusik für sie spielt und die Vorübergehenden anregt, sie anzufassen. Dieser Wandel in der Einstellung ist ein Ergebnis der Erkenntnis, daß ein bewußtloser Mensch lebendig und zugänglich für andere und seine Umgebung ist.

Es ist eine weitverbreitete Ansicht, daß unser Körper eine Art stumpfes Tier oder Scheusal sei, vor dem die geheimnisvolle „Person“ geschützt werden muß. Als ob der Körper nicht beziehungsfähig wäre. Als ob Intelligenz, Bewußtheit und Verstehen nicht auch seine Eigenschaften wären. Als ob der Körper ein Stück Fleisch wäre. Der Körper hat das Recht, sich selbst zu beenden entsprechend seiner eigenen Intelligenz. Nichts weniger.

Wir rauben uns selbst, unserer Kultur und unserem Sterben jene Erfahrungen, die uns so viel sagen können darüber, wie Leben endet, über die Natur menschlicher Erfahrung in diesem Teil des Lebensprozesses, über mögliche soziale Rollen, über Ahnungen und innere Konflikte, über Selbstbildung, darüber, wie Selbstbehauptung verschwindet oder andauert im Sterben, und über die Natur unseres Universums aus dem Blickwinkel dieser Stufe unseres Prozesses. Alles in allem haben wir uns vom Sterben abgetrennt und uns so lange Angst gemacht, bis wir uns ohne die Hoffnung auf einen Mythos und ohne wirkliches Wissen zurückgelassen fanden.

Als Sokrates gefragt wurde, was er sich vom letzten Tage seines Lebens erwarte, antwortete er: „Da ich den Künstler in mir vernachlässigt habe, möchte ich gern diesen letzten Tag als Künstler leben."

Und schließlich: Ein schwarzer Assistenzarzt im County Hospital war dabei, als Mary Young an Lungenentzündung starb. Der Assistenzarzt kannte sie nicht. Er war erst seit einer Woche in Midland City. Er war noch nicht einmal ein Landsmann, ein Amerikaner, obwohl er sein Examen in Harvard gemacht hatte. Er war ein Indaro, ein Nigerianer. Er hieß Cyprian Ukwende. Er fühlte keinerlei Verwandtschaft mit Mary oder irgendeinem anderen Schwarzen. Er fühlte sich nur Indaros verwandt. Als sie starb, war Mary allein auf dem Planeten wie Dwayne Hoover und Kilgore Trout. Sie hatte sich nie vermehrt. Da gab es auch keine Freunde oder Verwandten, die sie hätten sterben sehen können. Also sprach sie ihre letzten Worte auf diesem Planeten zu Cyprian Ukwende. Sie hatte nicht genug Atem übrig, um ihre Stimmbänder zum Klingen zu bringen. Sie konnte nur ihre Lippen lautlos bewegen.

Alles, was sie über den Tod zu sagen hatte, war: „Ach du meine Güte, ach, du meine Güte." (Kurt Vonnegut, *Breakfast of Champions*. Dial Press / Seymour Lawrence, 1973, S. 64.)

MYTHENBILDUNG

In der Mythologie ordnet der Mensch seine Vorstellungen vom unergründeten Ozean menschlicher Erfahrungen. Durch Mythenbildung erfinden wir eine Geschichte, um unserem Erleben Sinn abzugewinnen. Wir erzählen Geschichten. Unsere Mythen sind die geheimen Geschichten, die wir uns selbst erzählen über das, was geschehen ist. In diesem Abschnitt untersuche ich, wie wir unser kleines Sterben zu Mythen verarbeiten. Ich untersuche den Prozeß, in dem wir uns auflösen, in dem wir unsere Grenzen öffnen und unser kleines Sterben das Auftauchen des Unbekannten möglich macht.

EINE GRUNDLAGE FÜR MYTHOS

Erleben ist verbunden mit Mythos. Verstrickt in unsere Selbsterfahrung, leben wir unseren eigenen Mythos, unsere eigene Lebensgeschichte. Jedesmal, wenn wir über das, was wir erlebt haben, nachdenken, schaffen wir eine Geschichte, um jenes Erleben zu erklären, oder wir übernehmen die Erklärung unseres Erlebens von jemand anderem: von unseren Eltern, von unserem Lehrer, von unserem Vorgesetzten, von unserem Partner, von der Kultur. Diese geschaffene Geschichte oder Erklärung hat Einfluß darauf, wie wir in der Zukunft auf ähnliche Situationen reagieren werden, wie wir unser Leben lernen werden und wie andere Leute von uns lernen werden. Durch die Schöpfung der Geschichte oder Erklärung übertragen wir neues Erleben auf uns selbst und auf andere Mitglieder des Stammes. In diesem Buch spreche ich darüber, wie wir eine neue Geschichte oder einen neuen Mythos über das Sterben bilden können, wie wir uns in unser Erleben eintauchen lassen können, so daß jeder von uns seine eigene Geschichte über das Sterben erschaffen kann. An jedem Wendepunkt haben wir die Wahl, entweder einen neuen Mythos für uns selbst zu bilden oder einem alten zu folgen. Versenkung in Selbsterfahrung macht die Alternative für das Neue möglich.

Wenn wir trauern, wenn wir träumen, wenn wir ein Bild malen oder ein Gedicht zusammenfügen, nehmen wir an einem inneren Zwiegespräch teil, an einem Vorgang, in dem gewöhnliche soziale Bewußtheit eingeschränkt oder aufgegeben wurde zugunsten einer anderen Bewußtheit. Wir entscheiden uns vielleicht, einem Sterbenden beizustehen, zu schlafen, zu malen oder zu schreiben, doch der Ausdruck des Trauerns, des Träumens oder künstlerischen Schaffens, der daraus hervorgeht, ist nicht aus gewöhnlichem Bewußtsein hervorgegangen oder davon beeinflußt. Er entspringt anderen Anteilen des Selbst. Die Entscheidung zu träumen zum Beispiel wird nicht vom gewöhnlichen Bewußtsein getroffen, jedoch die Entscheidung zu schlafen. Schlafen ist eine Weise, durch die wir Bedingungen oder Grenzen schaffen, innerhalb derer das Selbstgespräch, das wir Träumen nennen, stattfinden kann. Schlaf macht unter Umständen Träumen als ein körperliches Ereignis möglich, doch er bestimmt nicht, wann gerade oder was einer träumt.

Prozeß ist das andauernde Fortschreiten unseres Lebens, das sich als Bewegung, Erleben und Wissen offenbart. Wir können das Wirken des Prozesses erkennen an solch rhythmischen Aktivitäten wie Einatmen und Ausatmen, Einschlafen und Aufwachen, hungrig werden und Sättigung spüren, müde werden und Erfrischung empfinden, oder durch wachsendes sexuelles Verlangen, das zum Orgasmus führt.

Als Prozeß gesehen ist Sterben eine Fortsetzung des Lebens. Man kann sagen, daß wir einen Plan oder ein Programm für das Sterben haben, so sicher wie wir ein Geburtsprogramm hatten. Sterben ist die Grundbedingung, unter der Geburt für uns möglich wird. Geburt ist ein Ausdruck des Sterbens des uterinen Lebens. Alle Entwicklungsstufen, alle Wendepunkte sind ein Sterben.

Doch unser Programm für das Sterben, wie die Programme für Trauern, Träumen, Erschöpfung, künstlerischen Ausdruck, Atmen, Schlafen, Hunger, Sexualität und so viele andere, ist unserem gewöhnlichen Bewußtsein nicht ohne weiteres zugänglich. Diese Programme, diese Skripten sind sozialer Kontrolle unterworfen, obgleich sie ihr gleichrangig sind und ihr Wirken beeinflussen. Sie können nicht auf Kommando hervorgerufen oder geschaffen werden. In dem Ausmaß, in dem sie überhaupt verfügbar gemacht werden können, müssen sie in ihrer eigenen Sprache angesprochen werden dadurch, daß wir ihren Ausdruck als wortlose Sprache im täglichen Leben entdecken.

Das heißt mit anderen Worten, daß wir Sterben nicht üben können, indem wir Sterbeübungen veranstalten. Phantasie- oder Körperübungen sind erdachte Gebilde, die entworfen wurden, um ein Ziel zu erreichen oder ein Problem zu lösen. Sie beanspruchen den Körperprozeß auf ihre eigene Weise. Gestalttechniken, Psychodrama und Bioenergetikübungen zum Beispiel können sehr nützlich sein, Konflikte mit sozialen Rollen oder persönlichen Selbst-Definitionen zu lösen. Es geht darum, wie wir besseren Zugang zu unseren Prozessen im täglichen Leben finden können.

Der Akt des Lebens gibt reichlich Gelegenheit, uns mit der Art unseres Sterbens vertraut zu machen. Die Bedeutung unseres Sterbens hängt zusammen mit der Entfaltung des Lebens, das wir schaffen. Je mehr unsere Verbundenheit mit dem Lebendigen sich vertieft, um so mehr lernen wir, daß unser Lehrer das Erleben ist. Und Erleben kann nicht geplant werden. Bewußt oder unbewußt schaffen wir unsere eigenen Mythen.

GESELLSCHAFTLICHE VORSTELLUNGEN UND SELBSTBILD

Unsere inneren Bilder – die Bilder, die wir vor unserem geistigen Auge sehen – können in äußere Bilder, die ihre Grundlage in gesellschaftlichen Mythologien haben, und private, selbstgeschaffene Bilder, die der Ausdruck unseres körperlichen Lebens sind, eingeteilt werden. Da Atmen eng verbunden ist mit dem Handeln des Selbst, benutze ich es, um Bilder und Gefühle hervorzurufen. Also habe ich mir ausgedacht, in „Halben" zu atmen. Wenn ich dieses Experiment mache, nehme ich eine Reihe von fünf Atemzügen hintereinander, und mit jedem Einatmen reduziere ich die Luftmenge, die ich einatme, auf die Hälfte des vorigen Atemzuges. Am Ende jedes Ausatmens mache ich eine kurze Pause und unterdrücke den Drang einzuatmen.

Nach dem fünften Atemzug gähne ich und lasse mich zu normalem Atmen zurückkehren und versuche, die Empfindungen zu erleben, die ich fühle. Dabei finde ich für mich ein vielschichtiges Erleben. Ein Teil meines Selbst sagt: „Atme! Atme! Atme! Wenn du so weitermachst, wirst du sterben." Doch dann finde ich auch eine Art von erregtem Dunkel, das ich in meinem Rumpf ausmachen kann – eine völlig andere Empfindung, die ganz verschieden ist von meiner Angstbotschaft. Ein Teil meines Selbst hat Angst vor dem Sterben, während ein anderer Teil aufgeregt ist. Wenn ich das Experiment ein bißchen länger mache, fange ich an, eine Schwemme von Empfindungen zu spüren, die Erinnerungen und Visionen mit sich bringt.

Ich erkenne die Angstbotschaft als meinen Überlebensmechanismus: „Atme! Atme! Hol mehr Luft!" Doch das Gefühl der erregten Dunkelheit trägt die Botschaft: „Hör nicht auf!" Ich gebe diesem offenbaren Widerspruch die Bedeutung, daß nicht alles an mir Angst vor dem Sterben hat. Ein Teil von mir hat Angst, doch ein anderer Teil von mir ist erregt.

Die Überschreitung der Grenzen des rationalen Bewußtseins ist wie Sterben, ist die Wiederkehr auf einer anderen Stufe des Erlebens. Ein Teil von mir sagt mir, daß ich Angst vor dem Sterben habe, doch welcher Teil ist das? Ein anderer Teil von mir ist erregt und empfindet Lust, wenn ich die Drohung des Sterbens hervorrufe.

Vorstellungen können Bilder sein oder Ideen und haben den Sinn, uns Muster von Gefühlen und Empfindungen wissen zu lassen. Wir können von Kulturvorstellungen besetzt sein, die uns sagen, wer wir sind. Sie scheinen dann unserem Innersten zu entspringen, als wären sie unsere eigenen. Ebenso bekommen wir durch die Medien und durchs Hörensagen viele morbide oder schreckliche Vorstellungen über das Sterben, die dann immer als erstes in uns auftauchen, wenn wir Gefühlen von Angst oder Furcht begegnen.

Auf der anderen Seite kann man Gefühle und Emotionen beschreiben als spontane Vorstellungen vom Selbst, die sich von gesellschaftlichen Vorstellungen ganz deutlich unterscheiden. Echte Selbst-Vorstellungen sind biologische Ausdrucksformen, die oft nicht visuell orientiert sind – zum Beispiel Gefühle von Schönheit, Anmut, Scheu, Ungeschicklichkeit.

Die Leute berufen sich auf diese ihre Vorstellungen, wenn sie sagen: „Sterben tut weh"; und: „Der Tod ist übel und muß unter allen Umständen vermieden werden." Doch mein Atemexperiment überzeugt mich, daß ich Erfahrungen haben kann, die mein Sterbeprogramm einleiten, die nicht negativ sind.

Veränderungen der Körperchemie können Vorstellungen verändern. In meinem Atemexperiment erhöhte ich den Gehalt an Kohlendioxyd in meinem Blutstrom und löste damit unmittelbar Angst und Vorstellungen vom Sterben aus. Alle emotionalen biochemischen Zustände haben ihre dazugehörigen Vorstellungen und Gefühle. Ein Gefühl der Traurigkeit kann zum Beispiel Empfindungen des Erstickens und die Vorstellung des Erwürgtwerdens auslösen, oder Wut kann die Empfindungen und Vorstellungen von Vernichtung hervorrufen.

So wie ich es gelernt habe, bringt Sterben die Gefahr des Verlustes meines Lebens mit sich. Doch ich habe auch gelernt, mich zu fragen, welcher Teil von mir den Verlust empfindet? Ist es das organische Selbst? Ist es mein Ich, mein bewußtes Selbst? Ist es das soziale Ich, das Angst hat und sagt: „Ich werde nicht mehr da sein"? Welcher Teil von mir ist bedroht durch meine Vorstellungen vom Sterben?

Nachdem ich mir von vielen Menschen ihre Vorstellungen vom Sterben habe erzählen lassen, fing ich an zu sehen, daß die

Ängste immer in zwei Kategorien fallen – sozial oder persönlich. Der Tod, den du stirbst, ist das Leben, das du lebst. Je mehr du dich entscheidest, dein Leben außerhalb der Vorstellungen der Kultur zu leben, um so mehr wirst du auch außerhalb dieser Vorstellungen sterben. Als ich mich fragte: „Auf welche Art des Sterbens reagiere ich mit Angst?" hatte ich Vorstellungen vom Sterben in der sozialen Kategorie – aus den Programmen der Kultur –, und das waren gewalttätige Vorstellungen. „Ich will nicht von einem Lastauto überfahren werden." „Ich will nicht erschossen werden." „Ich möchte nicht an einer Operation sterben."

Vorstellungen vom Sterben werden leicht mit Gefühlen des Sterbens verwechselt. Wenn wir uns anschauen, auf welche Weise wir zu sterben fürchten, können Bilder auftauchen, die große Angst auslösen. Die Botschaft der Angst heißt, daß etwas gefährlich ist, daß man sterben könnte. In diesem Moment sind die drohende Vorstellung und das Gefühl vom Sterben miteinander verwoben, sind ein und dasselbe. Aber das Gefühl zu sterben selbst hat die Angst nicht ausgelöst; es ist die Vorstellung vom Sterben, die sie auslöst.

Wenn du Angst hast, erstickt zu werden, wirst du dir vielleicht die Vorstellung vom Ertrinken oder vom Gestrandetsein machen. Und jedes Ereignis, das deine Vorstellungen vom Sterben auslöst, wird automatisch auch die Angst vor dem Sterben auslösen. In diesem Moment fühlst du, daß du sterben könntest. Du hast Angst, du gerätst in Panik, du hast das Gefühl, daß du sterben könntest. Und so lernst du die Angst, die du fühlst, damit in Verbindung zu bringen, wie dein Sterben vielleicht aussehen wird. Du erzählst dir, daß Sterben genau so sein wird. „Ich habe große Angst und fürchte mich. Sterben macht mich ängstlich und furchtsam. Also so sieht das Sterben aus; es ist genauso wie das, was ich im Moment empfinde.“ Aber das muß gar nicht so sein.

Ich entdeckte in dem Atemexperiment, daß ich bei der gleichen Gelegenheit sowohl Angst als auch Erregung empfinden konnte, da verschiedene Schichten meines Selbst gleichzeitig auf verschiedene Weise angesprochen waren. Es trifft auch zu, daß unsere Gedanken vom Sterben sich von unseren Gefühlen des Sterbens unterscheiden können. Die Gefühle sind unter Umständen sinnlich, während die Gedanken ziemlich furchterregend sind. Ich will Gedanken und Gefühle im Zusammenhang mit dem Sterben nicht allzu sehr vereinfachen, weil in diesem Zusammenhang eine ganze Menge anderer Dinge beachtet werden müssen, doch ich will diesen einen Gesichtspunkt deutlich vor Augen führen, daß es ganz alltäglich ist, einen Widerspruch zwischen den Gedanken vom Sterben und den Gefühlen des Sterbens zu erleben.

Wenn ich mich frage: „Wie fürchte ich zu sterben?“, versuche ich, meine Vorstellungen vom Sterben und vom Tod kommen zu lassen, entweder durch das Atemexperiment oder durch meine Phantasien. Dann trenne ich die Gefühle, die diesen Vorstellungen innewohnen, von den Vorstellungen selbst. Dann halte ich sie vielleicht in meinem Bewußtsein, erinnere mich daran oder zeichne oder schreibe sie auf, um sie mir anzuschauen ohne ganz so viel Panik oder eingefahrene Reaktionen. Ich überdenke meine Reaktionen, meine Antworten. Die meisten dieser Vorstellungen drehen sich um Tod durch Gewalt, wie er uns täglich in der Zeitung oder auf dem Fernsehschirm dargestellt wird. Ich schau mir diese Bilder an und sage mir selbst: „Es ist möglich, daß Sterben nicht so ist", denn ich weiß, daß ich mir die kulturellen Vorstellungen vom Sterben ausmale. Schließlich ist Gewalt fast das einzige, was wir vom Sterben sehen. Ich gehe durch die gleichen Prozesse mit meinen Träumen.

Im allgemeinen unterstützt die Kultur eruptives Sterben, doch es ist auch möglich, statt dessen schrumpfend zu sterben wie Harry Truman. Alle Gesellschaften beeinflussen die Weisen des Sterbens, indem sie bestimmte Programme einschließlich vielen, die persönlich negativ erfahren werden, positiv bewerten. Unsere Gesellschaft zum Beispiel verwirft nicht Sterben durch Mord. Sie sagt das nicht so offen, doch unter der Oberfläche wird ein hoher Wert auf viele Formen gewalttätigen Sterbens gelegt. Die Gesellschaft programmiert ihre Mitglieder, schnell zu sterben, plötzlich, durch die Hand eines anderen. Das hat den Vorteil, daß es sehr schnell geht. Orgastisch, explosiv und Peng-Bumm, kein hilfloses Dahinsiechen, niemand braucht sich um dich Sorgen zu machen, keine Kosten, keine Abhängigkeit, keine Reue, nichts. Das Leben wird einfach abgebrochen, peng! Ein schnelles Sterben enthebt uns der Notwendigkeit einer Altersversorgung oder eines Sozialstaates, und es beseitigt die vielen teuren Probleme der Betreuung der Siechen. Manche Menschen befürworten schnelle Sterbeprogramme, weil sie persönliche Probleme der Reue beseitigen und Trauern auf ein Mindestmaß verringern.

Wir alle leben entsprechend der geistigen Verfassung der Kultur, und ich meine das nicht abschätzig. Wir merken nicht, daß wir das Sterbeprogramm von jemand anderem erfüllen. Wir merken auch nicht, daß wir unter Umständen das Lebensprogramm eines anderen ausleben. Wir bilden uns ein, nach unserem freien Willen zu leben, und wählen doch mit großer Sicherheit das Programm der Kultur. Wir glauben, das sei das einzige, aus dem wir auswählen können. So leben wir schließlich nicht unser eigenes Leben und sterben den Tod eines anderen.

Welches Sterben ist für Menschen naturgemäß? Niemand weiß das, doch jeder hat Vorstellungen davon, und jedermann hat zum Teil Angst, auf unnatürliche Weise zu sterben. Was mich angeht, ist ein Sterben natürlich, das als Fortführung des persönlichen Lebensstils gelebt werden kann, ein Sterben, das nicht eine Unterbrechung, sondern eine Erweiterung des eigenen Lebens ist.

Menschen, die ihre Energie dafür eingesetzt haben, gesund zu essen, Körper und Geist durch Yoga zu üben, und sich Körpertherapien, geistigen Praktiken und alternativen Beziehungen ausgesetzt haben, haben sich für eine andere Art zu leben und eine andere Art zu sterben entschieden. Sie scheinen die üblichen Todesarten der Kultur – Krebs oder Herzkrankheit – vermeiden zu wollen. Menschen, die sich wegen ihres Alters außerhalb der Kultur befinden, haben auch eine Chance, einen neuen Lebensstil und eine neue Weise des Sterbens zu finden.

Familien, die ihre emotionalen Verbindungen aufrechterhalten, haben sich entschlossen, nicht allein zu sterben. Familien, die leicht auseinanderfallen oder keine emotionalen Verbindungen haben, stiften Angst unter ihren Mitgliedern über ein Sterben allein. Sterben ist ein persönlicher, doch auch ein Familien- und Stammesprozeß.

EIGENE ERFAHRUNG
ZÄHLEN LASSEN – JEMAND WERDEN

Die Menschen erinnern sich nicht daran, wie sie geboren wurden. Sie wissen einfach, daß sie am Leben sind, und es scheint, als ob sie immer am Leben gewesen wären. Die Welt war nie anders, als sie jetzt ist.

Wie stellst du dir deinen Tod vor? Wie wirst du mit der Tatsache des Sterbens fertig? Vermeidest du sie, oder läßt du sie zu? Wenn du Verbindung aufnimmst mit deinen Gefühlen über das Sterben, tust du einen Schritt, die kulturellen Vorstellungen zu durchbrechen und eine neue Mythologie für dich selbst aufzubauen.

Ich frage mich, ob ich mein Sterben mit anderen teile. Rede ich darüber oder schweige ich still? Zögere ich, bin ich auf der Hut, schäme ich mich? Auf welche Weise rede ich mit mir selbst über mein Sterben? Schreibe ich mir selbst Briefe? Schiebe ich mir Zettelchen zu unter dem Tisch? Schicke ich mir selbst Nachrichten, die ich nicht entziffern kann – Notizen, in unsichtbarer Tinte geschrieben? Lasse ich mich diese Gedanken und Gefühle erleben oder unterdrücke ich sie? Schiebe ich sie auf, entstelle ich sie, verdrehe ich sie, verwerfe ich sie? Verbinden sich meine Gedanken, Gefühle, Vorstellungen und Erinnerungen miteinander und schaffen so ein zusammenhängendes Ich?

Ein Grundstücksmakler erzählte mir einmal, daß er vor mehreren Jahren eine Hirnblutung hatte und ins Krankenhaus gebracht wurde, wo man ihm sagte: „Mein Freund, Sie werden aller Wahrscheinlichkeit nach sterben." Als ihm diese Eröffnung klar wurde, war all sein Zwiespalt verschwunden. Mein Freund sagte, daß er sich ganz plötzlich – ja, ganz plötzlich frei fühlte. Er sagte, daß sein Körper von Erregung überflutet war und sich von oben bis unten geladen anfühlte. Es sei völlig verrückt und paradox gewesen. Er sagte, daß er sich zum ersten Mal in seinem Leben frei fühlte, sich verloren zu fühlen, ohne Regeln. Und er freute sich darauf voller Erregung. Er sagte, daß er sich zum ersten Mal in seinem Leben wirklich an seinem Leben ohne Verpflichtungen freuen konnte. Ich deutete ihm an, daß er vielleicht aus diesem Grund wieder gesund geworden war. Zum ersten Mal in seinem Leben konnte er sich auf das einlassen, was er wollte, statt gesellschaftlich so zu tun als ob.

Ich war einmal in einem Flugzeug mit Propellerantrieb, als alle vier Maschinen ausfielen. Bevor wir landeten, hatte ich Zeit genug, mich darauf vorzubereiten zu sterben. Es dauerte nicht sehr lange, doch es dauerte lange genug. Und eine ganze Reihe unglaublicher Dinge geschah mit mir. Zunächst wurde ich durchlässig für mich dadurch, daß ich mit Erregung überflutet war. Das weitete mich, vertiefte mich, öffnete Raum in mir mit einem Schlag. Ich nahm wahr, daß mein Kopf voll Panik war. Ich fühlte Panik in meinem Hirn, in meinen Augen und meinem Gesicht. Doch unterhalb meines Halses war keine Panik. Ich war geladen wie nie – die Wirkung von Adrenalin –, doch ich war ruhig wie eine Semmel.

Ich erinnere mich nicht an die Reihenfolge, obwohl ich dem Ganzen wohl hundertmal nachgegangen bin, doch ich war voll von einem Wissen, wer ich war. Ich kann dir das nicht erklären, ich kann höchstens sagen, daß ich erfüllt war von einer Art innerem Wissen – ich war von innen nach außen gefüllt mit einem überwältigenden Gefühl von Süße und Licht, doch es war nicht wie ein sichtbares Licht. Ich war erfüllt von Bejahung und Liebe für mich selbst. Ich hatte einen Geschmack meiner eigenen Fülle, als ob ich mich selbst gefüllt hätte mit meiner Erregung. Ich war völlig in mich selbst versunken und floß gleichzeitig über in meiner Fülle, und alles war in Ordnung. Seitdem hatte mein ganzes Leben eine neue Richtung. Ich war damals einunddreißig, und ich erinnere heute die Erfahrung für dich als ein weiteres Beispiel für die Widersprüche, die bestehen können, wenn man mit dem Sterben Verbindung aufnimmt.

Wir leben in einem Zeitalter, in dem jeder mehr und mehr Verantwortung für alles in seinem Leben will. Warum nicht diese Verantwortung auch auf das Sterben übertragen? Du wirst nicht sterben, bis nicht alles von dir sich dazu entschließt. Du bist innigst verbunden mit dem Prozeß der Entscheidungsfindung für dein eigenes Leben und deshalb auch für dein eigenes Sterben. Diese Verantwortung zeigt sich nicht ausschließlich, noch nicht einmal vor allem auf der Erkenntnisebene.

Wenn wir versuchen, Leben und Sterben von der Erkenntnisebene her zu kontrollieren, verleugnen wir letzten Endes sowohl Leben wie Sterben, leben neben dem Leben her, nicht in ihm. Niemand spricht darüber, doch die meisten Menschen sind nicht ihrem Leben hingegeben, und sie wissen es. Sie machen sich selbst klein, nehmen soziale Rollen als Wirklichkeit hin und versuchen, erfolgreich innerhalb dieser Beschränkung zu leben.

Der Charakter unseres Lebens ist der Charakter unseres Sterbens; beide sind Teil ein und desselben Prozesses. Viele Menschen ziehen sich vom Leben zurück und wollen doch nicht sterben. Sie wollen genauso wenig am Prozeß des Sterbens teilnehmen, wie sie am Prozeß ihres Lebens teilnehmen wollen.

In unserer Kultur ist Leben einseitig. Das Hirn wird wachgehalten, und der Körper wird vernachlässigt. Das Leben des Geistes wird hoch bewertet, das des Körpers verunglimpft. Wir leben nur einen Teil unseres Selbst, einen Teil unseres Körpers, einen Teil unserer Gefühle, einen Teil unserer Existenz. Es wird Zeit, daß wir uns selbst ernst nehmen, unser eigenes Leben zum Ausgangspunkt machen, unsere Erfahrungen zählen lassen. Wenn wir das tun, werden wir jemand.

Im Prozeß, jemand zu werden, enthüllt sich der Grund des Geheimnisses der Existenz – die Erfahrung, die uns kein anderer vermitteln kann. Jeder Mensch entdeckt die Bedingungen seiner eigenen Lebendigkeit und seines eigenen Sterbens. Viele Menschen nehmen ihr Sterben an, indem sie den großen Unterschied zwischen ihren Vorstellungen oder Gedanken über das Sterben und ihren Gefühlen dazu wahrnehmen. Wir können unsere Ängstlichkeit verewigen, wenn wir an unseren Vorstellungen festhalten. Wenn wir uns an unsere Gedanken klammern, können wir morbid und niederdrückend oder aber unerfreulich werden. Wenn wir uns selbst ernst nehmen, werfen wir uns direkt in unseren Lebensstrom und in eine neue Wirklichkeit unseres eigenen Selbst.

Wir leben auf zwei verschiedene Arten – ein gesellschaftliches Leben und ein persönliches Leben, ein öffentliches Leben und ein privates. Das gesellschaftliche Leben umfaßt die Eindrücke und Vorstellungen vorgegebener gesellschaftlicher Verhaltensmuster. Es gibt uns Zugehörigkeit und Rollen. Das private Leben erwächst aus Vorgängen und Eindrücken des Körpers. In den meisten von uns herrscht das eine oder das andere. Im allgemeinen werden Selbst-Identität und ein Gefühl fortwährender Selbst-Verwirklichung öffentlich gebildet. Den meisten Menschen, in unserer Gesellschaft fällt es schwer, mit einem gut ausgebildeten, selbst entwickelten Weltbild zu reifen.

Ich fange langsam an zu begreifen, daß die meisten Menschen nicht Angst haben zu sterben, sondern Angst haben getötet zu werden. Die wichtigste unbeantwortete Frage über das Sterben ist für die meisten Menschen, wie sie mit dem Getötetwerden, mit ihrer Hilflosigkeit, umgehen. Ich erlebe immer wieder, daß letzten Endes jede Angst vor Strafe, vor Ächtung, vor Entfremdung, vor Ablehnung immer auf die Angst zurückzuführen ist, getötet zu werden. „Was meinst du damit: deine Mutter wird dich nicht gern haben, was wird passieren?“ „Ich werde allein sein, niemand wird sich um mich kümmern.“ „Gut, und dann, was wird dann passieren?“ „Ich werde hungrig sein, ohne etwas zu essen zu haben.“ „So? Und was wird dann passieren?“ „Nun, dann werde ich hilflos sein und sterben müssen." Sind nicht alle Formen der Strafe im Grunde genommen eine Bedrohung des Lebens? Und was ist Angst anderes als die Furcht, daß irgend etwas geschehen wird, uns angetan wird, uns vernichten wird? Es ist diese Rolle des Opfers, die uns so erschreckt.

Denk zurück an deine Kinderzeit, als du klein warst. Bis zum Anfang der Erinnerungen. War es nicht diese Hilflosigkeit, die Gefühle des Schreckens hervorrief?

Der Entschluß, sich mit den Gefühlen des Sterbens auseinanderzusetzen, bedeutet, sich auch auf das Unbekannte einzulassen. Der Mut, der dazu nötig ist, könnte einfach der Mut sein, deine Ansichten über das Sterben anzuschauen. Oder deinen eigenen Mythos zu schaffen. Das könnte zu Erlebnissen führen, von denen dir noch niemand erzählt hat.

All die Berichte über die Erlebnisse von Menschen, die beinahe durch Ertrinken, Flugzeugunfälle, große Stürze oder auf andere Weise starben und doch überlebten, haben das eine gemeinsam, daß ihre Erlebnisse völlig anders waren als ihre Erwartungen und mit den gewöhnlichen Vorstellungen vom Sterben nichts zu tun hatten.

Lebe dein Sterben heißt, dein Leben leben, indem du deinen Erfahrungen traust. Jemand sein ist etwas anderes als niemand zu sein. (Der Sinn dieses Satzes wird erst richtig deutlich, wenn man sich vergegenwärtigt, daß das englische Wort für jemand [somebody] ein Körper, und niemand [nobody] kein Körper bedeutet. – Anm. d. Übers.)

DIE DROHUNG, NICHT ZU SEIN

Die meisten von uns neigen dazu, ihre gesellschaftlichen Rollen auf die Zukunft zu übertragen in der Hoffnung, die Zukunft unverändert zu erhalten. Wir befürchten, gerade diese gesellschaftlichen Rollen zu verlieren, weil wir sie mit Dasein gleichsetzen. Unsere Rollen zu verlieren bedingt die Angst, unser Fortbestehen zu verlieren. Zukunftmachen ist Teil des Lebens. Die Ausdehnung unserer selbst in die Zukunft erweitert unser Dasein und verbürgt den Fortbestand unseres Treibens. Im allgemeinen macht uns alles Angst, was unseren Drang in die Zukunft behindert. Wir können uns einen Zustand, in dem es eine persönliche Identität nicht mehr gibt, nicht vorstellen. Bewußt oder unbewußt fürchten wir, nicht da zu sein. Wir haben dafür einfach keinen Bezugsrahmen.

Sterben kann die Weigerung oder Unfähigkeit, neue Erfahrungen zu neuer Form zusammenzufügen, oder die Unterbrechung von Ausdehnung und Zusammenziehung bedeuten. Im biologischen Leben einschließlich des psychologischen Daseins geht es für mich hauptsächlich um drei Dinge. Erstens die Aufrechterhaltung des Selbst; zweitens die Erweiterung des Selbst; und drittens die Wiederherstellung des Selbst. Was auch immer uns in einem dieser drei Bereiche bedroht, bedroht uns im Fortbestand unseres Daseins und verursacht Angst. Die Drohung der Unterbrechung des Fadens der Dauer ist wie die Angst vor dem Nicht-Sein. Sie ist der Angst vor Vernichtung gleichzusetzen. Wir glauben, daß Unterbrechung uns umbringen wird. Die meisten Menschen reagieren auf den Verlust des roten Fadens mit Todesangst. Doch das Leben ist nicht ununterbrochen. Aus Sicherheitsgründen und um gesellschaftliche Rollen aufrechtzuerhalten, versucht jeder, Gefühle von Unterbrechung nicht zu beachten. Selbst wenn wir am Abend schlafen gehen, verfestigen wir unsere Identität, indem wir an der gewohnten Weise, uns Vorstellungen zu machen, festhalten, unseren Tag kritisch überprüfen oder die Lösung einer aufregenden oder bedeutungsvollen Aufgabe auf morgen verschieben.

Wenn wir dann aufstehen am Morgen, denken wir als erstes über jenes Problem nach oder über das Frühstück oder aber als Frau über das Schönsein oder über irgend etwas aus einem ganzen Strom von Handlungen und Gedanken, die unser Selbstbild und unser Bezugssystem zur Welt ausmachen. Auf diese Weise lassen wir keinen Verlust an Kontinuität und Selbst-Bezug durch den Schlaf zu.

Ich gehe ins Bett und sage mir, daß ich ein Schriftsteller bin, und ich wache auf und denke ans Bücherschreiben. Die Erinnerung an unser Leben ist der Versuch, einen ununterbrochenen Fluß von Gefühlen, Gedanken und Handlungen aufrechtzuerhalten. Wir möchten uns glauben machen, daß unser Leben völlig ununterbrochen verläuft. Wir erinnern uns nicht so sehr an die leeren Räume. Wir denken, wir sind gedankenverloren oder vergeßlich, wenn wir auf die leeren Räume treffen. Ein

Augenblick unterbrochenen Zusammenhangs wird, mit all seinen emotionalen Reaktionen, wie Verlust erlebt und kann so mit Sterben gleichgesetzt werden.

Stell dir vor, du bist allein in einem dunklen Zimmer. Wo du gerade eben noch nichts sehen konntest, hat ganz plötzlich jemand das Licht eingeschaltet. Du weißt nicht, wo du bist. Jemand macht die Tür auf, jemand, den du noch nie gesehen hast. Sie nennen dich beim falschen Namen und bestehen darauf, daß das dein Name sei. Sie behaupten beharrlich, daß du an einem Ort bist, von dem du noch nie gehört hast, wo du nie zuvor warst. Wie fühlst du dich dabei?

Wie ist es für dich, wenn du dich an ein Ereignis nicht mehr erinnern kannst? – Was ist geschehen? Hast du dein Gefühl für Beständigkeit verloren? Plötzlich erlebst du mit nagendem Zweifel das Fehlen einer Verbindung deiner Wahrnehmungen. Die Verbundenheit ist unterbrochen. Du warst an einem Ort, an den du dich nicht erinnern kannst, hast etwas getan, das du nicht ins Gedächtnis zurückrufen kannst. Vielleicht fängst du an zu zweifeln, wer du wirklich bist oder wo du bist. Dein ganzes Dasein ist bedroht.

Dieser eingebildete Verlust an Kontinuität ist in Wirklichkeit ein Verlust sozialer Orientierung, einer der von jedermann gefürchteten ursprünglichen Verluste. Diese Kontinuität ist der Leim, der unser soziales Gefüge zusammenhält. Diese Beschränkung auf allgemein gebilligte Rollen wird aufrechterhalten durch Gefühle, und wenn das nicht möglich ist, durch Gedanken oder Handlungen oder manchmal Empfindungen. Jede Bedrohung einer dieser Empfindungen verursacht Angst und verleitet uns dazu, uns zurückzuziehen oder aber die Verhaltensweisen zu verstärken, von denen wir wissen, daß sie uns in Verbindung halten.

Eine Erfahrung außerhalb der kulturellen Erfahrungsweisen wird gewöhnlich, wenn wir sie anderen mitteilen, nicht gebilligt oder vermittelt uns das Gefühl der Fremdheit. Daraus wird das gleiche wie verrückt, oder abgeschnitten, nicht verbunden mit der Kultur zu sein – Tod. Viele Science-Fiction-Filme behandeln diesen Gesichtspunkt; die Leute denken, der Titelheld, der ein Rieseninsekt sieht, ist verrückt. Zusammenhanglosigkeit ist das Gefühl, ohne Beziehung zu sein, ausgestoßen zu sein aus dem Körper der Kultur. Es entspricht der Drohung, nicht zu existieren, tot zu sein.

Jeder von uns hat die Fähigkeit, sein eigenes soziales oder körperliches Dasein zu beenden. Wenn wir unsere soziale Identität und Verbundenheit preisgeben, begegnen wir vielleicht einer neuen Erfahrung des Daseins.

Wie weit dehnt sich dein Lebensraum aus? Ich lebe in Berkeley. Ich habe das Gefühl, mein Lebensraum füllt mein Haus und meine Praxis. Über das Haus hinaus dehnt er sich aus auf Gebäude in der Stadt, wo ich regelmäßig vortrage oder Gruppen leite. Da ich mit dem Büro des Esalen Instituts in San Francisco zusammenarbeite, dehnt sich mein Lebensraum durch das Telefon leicht auch dorthin aus. Ich leite auch Gruppen in Chicago, Toronto, Boston und San Diego. Durch Erinnerung, Erleben, persönliche Freundschaften und das Telefon bin ich dauernd mit einem wirklichen Gefühl für die Ausdehnung meines Lebensraumes in Kontakt – er überspannt den Kontinent.

Sterben ist der Verlust oder der Wandel dieser Grenzen. Sterben ist die Hingabe von Werten und Seinsweisen, die unsere Welt ausmachen. Der Prozeß des Sterbens muß nicht bedeuten, daß wir Verlangsamung, Schrumpfen und verminderten Kontakt verstehen und hinnehmen. Doch es bedeutet ganz sicher ein verändertes Verständnis der Welt. Du mußt auf eine völlig veränderte Welt, auf neue Möglichkeiten vorbereitet sein.

Das Zulassen des Wandels unserer Grenzen ist verwandt mit Alleinsein, mit Verlust der alten Gewohnheiten. Alleinsein bedeutet für die meisten Menschen, dem Unbekannten ins Auge sehen zu müssen. Alleinsein bedeutet, allein zu sein, doch nicht unbedingt Einsamkeit. Alleinsein kann zur Gründung einer neuen Beziehung mit dem Selbst führen. Viele von uns erlauben sich durch andauernde Einengung unserer Körper oder unserer Vorstellungskraft nie ein neues Gefühl für unser Dasein. Wir benutzen unsere Kontraktionen, um unsere Grenzen zu zementieren, um zu versuchen, unsere fortgesetzte Existenz sicherzustellen. Sterben ist der Knacks in unseren Grenzen, der zu einem neuen Dasein führt.

DEM UNBEKANNTEN ENTGEGENSEHEN

Wir kennen Vorstellungen aus unseren Beobachtungen und aus unseren Erinnerungen, von denen wir glauben, daß sie schmerzlich oder schrecklich seien. Dabei handelt es sich vor allem um Verstümmelungsszenen. Und es gibt Gefühle, die wir fürchten. Dabei geht es meistens um Gefühle, die ungewöhnlich oder uns unbekannt sind. Was für ein Gefühl ist das Gefühl des Sterbens?

Ich erinnere mich, daß ich in der ersten Zeit meiner Arbeit Angst bekam, wenn sich Menschen für schmerzliche psychologische Bereiche öffneten und ihre Körper sich wanden. Einer fiel direkt vor mir auf dem Boden zusammen, wand sich, schrie und weinte zusammenhanglos. Ich dachte, sein Schmerz war enorm. Meine Angst war enorm. Sie beraubte ihn beinahe seiner Erfahrung. Er versicherte mir später, daß es gar nicht so wehtat. Ich lernte aus dieser und weiteren Erfahrungen, daß meine Vorstellung von seinem Schmerz meine Vorstellung war.

Manche Leute sagen, sie hätten ein Gefühl des Sterbens, doch ich glaube, sie haben ein Gefühl, das sie dem Nicht-Sein zuschreiben. Sie erleben ein Gefühl, das für sie unvertraut oder furchterregend ist, und sie verbinden es mit der Möglichkeit, nicht zu sein. Die Vorstellung vom Sterben ist – zumindest in unserer Kultur – so überladen mit Schrecken und panischer Angst, daß es schwierig ist, in die Nähe des reinen Gefühls des Sterbens oder des reinen Gefühls, das mit dem Prozeß des Todes verbunden sein könnte, zu kommen. Wenn wir von der Angst vor dem Sterben sprechen, können wir nur sagen, daß die Menschen – Personen, die nicht im Sterben begriffen sind – Angst davor haben.

In einer Gruppe beschrieb mir ein junger Mann seinen abgrundtiefen Schrecken, als er mitten in der Nacht von der Vorstellung eines Mannes in seinem Zimmer aufgeweckt wurde. Diese Vorstellung, diese Erscheinung, hatte das Aussehen eines Gespenstes, eines Schleiers. Wie dieser junge Mann sagte, wußte er, daß diese Erscheinung nicht wirklich war, sondern ganz offenbar eine Projektion seiner eigenen Phantasie, und doch war er zur gleichen Zeit davor erschrocken. Wenn er sich in dieser Lage auf diese erschreckende Vorstellung hätte einlassen können und nicht ihr Opfer geworden wäre, hätte er eine Entdeckung gemacht, die zu den höchsten menschlichen Entdeckungen gehört – daß er die Macht hat, dem Nicht-Sein zu widerstehen; wie wir alle.

Ich sprach kürzlich mit einer Frau, die mit Patienten arbeitete, die an Alterserscheinungen litten. Sie erzählte mir, daß viele dieser Patienten wußten, daß sie starben. „Sie haben so schöne Phantasien darüber, wie ihre Welt aussehen wird." Ich sagte zu ihr: „Hör, Paula, was meinst du mit Phantasien? Sie beschreiben einen Zustand, ein Gefühl, eine bestimmte Art Wirklichkeit, und du nennst das eine Phantasie! Du sagst damit eigentlich, daß ihre Beschreibung nicht in deine Vorstellungen von der Welt paßt. Du stellst die sterbende Person damit außerhalb deines Bezugsrahmens und sagst, daß ihre Welt nicht wirklich ist. Du verkehrst ihre Wahrnehmung in eine Halluzination!“

Dies ist eine schreckliche Lage für jedermann, doch besonders für die Sterbenden, lehrt es sie doch, ihre eigenen Wahrnehmungen zu verwerfen. Der Sterbende spricht von einem Zustand, den er spürt oder von dem er das Gefühl hat, sich darauf zuzubewegen. Er ist möglicherweise in einem bestimmten seelischen Sonderzustand, doch dann führt jener Zustand zu seiner sozialen Entfremdung. Das führt zu einem Verlust innerer Kontinuität, die angsterregend ist.

Ich saß auf einem Stuhl, die Augen halb offen, ließ nur ein kleines bißchen Licht ein und fing an, mir einen kleinen Punkt oder einen winzigen Gegenstand in einiger Entfernung vorzustellen, der sich immer näher auf mich zubewegte. Ich ließ ihn an Umfang wachsen, bis er auf mich zukommend viel größer wurde. Ich wollte sehen, wie ich darauf reagierte. Als er riesig wurde, bekam ich das Gefühl, überwältigt zu werden. Wenn ich mir vorstelle, daß der Tod so auf mich zukommt, bekomme ich Angst. Doch der Tod kommt nicht, um mich zu holen. Ich bin es selbst. Wie ich da saß während dieses Spiels, hatte die Panik, die ich fühlte, etwas mit meiner Vorstellung vom Sterben zu tun, doch sie hatte nichts zu tun mit dem Prozeß des Sterbens selbst. Die Panik hatte ihren Ursprung in meinen Vorstellungen.

Gebären kann ein schmerzliches Ereignis sein, das Mutter und Kind wahrnehmen und erinnern. Ich glaube, wenn eine Mutter tiefe Hemmungen davor hat, ihre eigene Lust zu erleben und – obgleich sie es herbeisehnt und will – Angst vor der Geburt ihres Kindes hat, daß das Kind dann alle Kräfte gegen den Widerstand der Gebärmutter in Bewegung bringt. Ich glaube, daß viele Menschen mit körperlichen Erinnerungen an ihre Geburt herumlaufen, die als Auslöser für die Angst vor dem Sterben wirken. Ein Kind, das sich selbst durch einen zusammengezogenen Ausgang in die Welt durchschieben muß, bekommt in seine Zellen die Erinnerung an diesen Kampf eingeprägt. Ähnlich kann ein normalerweise enges, kleines Becken dem Kind Schwierigkeiten bereiten, die schmerzlich und traumatisch sind. So kann auch die Erfahrung einer Mutter, die diese Schwierigkeit schon einmal durchlebt hat, sie dazu veranlassen, den normalen Druck des Gebärens zu fürchten und sich zusammenzuziehen.

Dies bewirkt eine Fesselung des Körpers, die Ausdehnung verhindert. Wir entwickeln die Furcht, daß wir nicht leben werden, hilflos sein werden. So gesehen, sind Geborenwerden und Sterben organismisch ähnliche Ereignisse. Ich möchte hier jedoch klarstellen, daß wir nicht hilflos sterben müssen, genausowenig wie sich das Kind bewußt Sorgen macht wegen des beengten Durchgangs. Dazu ist es viel zu sehr in den Prozeß verwickelt. Das hindert den Organismus jedoch nicht daran, das Ereignis so wahrzunehmen und zu speichern, daß eine tiefe Furcht davor geschaffen wird. Die körperlichen Auswirkungen einer beengten Geburt können während des Lebens als selbstbehindernder Einfluß fortwirken.

Wenn das Kind geboren ist, wird – glaube ich – die Außenseite des Körpers der Mutter eine Ausdehnung des Mutterleibes. Die rhythmisch pulsierenden Abläufe des Mutterleibes werden, wenn auch verändert, auf der Oberfläche des Körpers fortgesetzt. Wenn das Kind der Mutter weggenommen und inkubiert wird, werden Streßmuster des Atmens geprägt, und das Kind wird entfremdet. Dadurch wird Angst wachgerufen in dem neuen Körper, und von da an ist in ihn eine tiefe Furcht eingebaut. Später, wenn der Organismus zu sterben beginnt, kehrt diese Furcht wieder, da der Organismus dazu neigt, so zu sterben, wie er geboren wurde, oder sich so verhält, daß die Erfahrungen der Geburt vermieden werden. Der Sterbende erlebt Ängste, daß er noch einmal eingeengt und entfremdet und hilflos sein wird.

Unter dem Eindruck der Entfremdung, des Drucks durch Einengung, des Verlustes, der Aufgabe von gewohnten Rollen an den Prozeß des Sterbens, beginnen unter Umständen Gefühle aufzutauchen, die negativ, feindselig, sadistisch und voll Rache sind. Das Selbstbild des Sterbenden ändert sich. Du hast von dir die Vorstellung eines guten Menschen, der nie ärgerlich wird. Plötzlich – anscheinend aus dem Nichts heraus – werden Ärger und Haß in dir wach. Du wirst damit nicht fertig. Also versuchst du, sie einzudämmen, sie zurückzuschieben nach innen, doch das tut weh. Oder du möchtest schreien, wie du als Kind nie schreien durftest: „Laß mich nicht allein! Verlaß mich nicht! Nimm mir den Kontakt nicht weg, denn das macht mir Angst.“ Doch das gehört sich nicht; es gehört sich, tapfer zu sein, selbstgenügsam zu sein. Es gehört sich, leise zu sterben, ohne irgend jemanden zu beunruhigen – gerade so, wie du gelebt hast. Und so erlebst du alle Ängste der Kindheit noch einmal und wehrst dich nie.

Diese Dinge müssen hochkommen. Sie liegen all unseren Ängsten vor dem Sterben zugrunde – daß wir noch einmal den unerlösten Ängsten und Befürchtungen unseres früheren Lebens begegnen müssen. Und unsere gesellschaftlichen Einrichtungen versuchen uns zu zwingen, mit diesen Gefühlen auf die gleiche Weise fertigzuwerden, wie wir mit ihnen in der Kindheit fertigwerden mußten. „Du mußt lernen, allein zu sein. Und allein zu sterben. Ohne Freunde zu sterben, mit dir allein zu sterben." Das ist genau das, was du dein Leben lang von dir geschoben hast.

Sterben heißt, dem Unbekannten ins Auge sehen müssen in einer Welt, die so gründlich geregelt ist, daß Unbekanntes ausschließlich mit Angst erlebt wird. Unsere Gesellschaft ist das fortlaufende Ergebnis einer Geschichte harter Arbeit, das Unbekannte unter Kontrolle zu bringen. In nur einem Lebensalter hat es ungeheure Fortschritte in Richtung einer solchen Kontrolle gegeben.

Und dennoch ist das Unbekannte mit einem großen U die Kerntatsache des Lebens. Was auch immer die Eigenschaften und Aktivitäten sein mögen, durch die wir das Leben als eine zusammenhängende Folge bewußten Handelns erscheinen lassen, es sind dies die Kontrollen, durch die wir versuchen, das Unbekannte abzuschaffen. Dein Sterben leben heißt, dem Unbekannten ins Auge schauen. Die objektive Wirklichkeit, die wir einrichten und ausleben wollen, und die subjektive Wirklichkeit, die uns antreibt, sind im Widerstreit. Wir erreichen objektive Wirklichkeit durch soziale Übereinstimmung über innere Wirklichkeit. Wir einigen uns darauf, daß dieses oder jenes etwas ist, das wir alle erlebt haben, und deshalb ist es wirklich. Die Wissenschaft stützt sich auf diese Logik genauso wie das Leben der Kultur.

Ein Gutteil dessen, was man Unbekannte nennt, sind einfach die Ereignisse tieferer Erfahrung. Darüber hinaus müssen wir anerkennen, daß das Leben sich auf seine eigene Weise offenbart, die der Gedankenfolge, durch die wir die objektive Wirklichkeit ordnen und kontrollieren, ziemlich fremd ist.

Was heißt es, Kontrolle zu verlieren? Unsere besitz- und gewinnsüchtige Erziehung lehrt uns, alle Verluste abzuwehren. Wir müssen gezwungen werden, etwas aufzugeben. Diese gewinnsüchtige Geisteshaltung ist in all unserem Handeln tief verwurzelt. Eine Folge davon ist die geheime Furcht in jedermann, daß Loslassen letztlich Verlust der Kontrolle über Blase und Därme bedeutet. Die Angst vor dieser Möglichkeit, die Scham, die dieser „Unfall" verursacht, sind auf die Ächtung zurückzuführen, die dieses Verbrechen in unserer Gesellschaft jedem über drei oder vier Jahren sofort einbringt. Das ist ein Beispiel für Gefühle und Erlebnisse, die ein Leben lang vermieden oder unterdrückt werden. Die Angst vor unpassender Ausscheidung ist ein schlagkräftiges Beispiel für eine ganze Familie verborgener Ängste, denen es zu begegnen gilt. Andere Beispiele sind: die Angst vor dem Schreien; die Angst, nicht zu wissen, wie man es richtig macht; die Angst, daß man nicht tapfer sein wird; die Angst, einer Autoritätsperson zu mißfallen. All diese Ängste entstammen der individuellen und familiären Anwendung der Regeln der Kultur und können die sterbende Person veranlassen, statt des eigenen Todes den der anderen zu sterben.

Norman O. Brown sagt, daß nur ein Mensch mit ungelebtem Leben Angst hat zu sterben. Ein Mensch, der das Gefühl hat, sein Leben gelebt zu haben, wie er wollte, hat keine Angst. Angst vor dem Sterben ist verknüpft mit den Zielen dessen, der du glaubst sein zu müssen, und nicht dessen, der du bist.

Die Furcht vor dem Sterben und vor der Erregung des Lebens entsteht teilweise dadurch, daß wir – weil wir uns Vorstellungen von unserer Zukunft machen können – Enttäuschungen und Katastrophen ausgesetzt sind. Die Angst vor dem Sterben kann von dem Verlust unserer Erwartungen an die Zukunft kommen. Leben heißt zum Teil zu lernen, einige unserer unzutreffenden Mythologien im Verlauf unseres Lebens zurechtzurücken; loszulassen, was wir nicht mehr brauchen. Dazu könnten einige unserer Zukunftsträume gehören.

Die späteren Stadien des Sterbens sind voll von Empfindungen. Da sind keine Ideale mehr und keine Vorstellungen, sondern einfach der Zustand, in diesem Ablauf zu sein. Und während ich so zu dir spreche, glaube ich nicht, ich hätte diese Worte gebrauchen können, wenn ich nicht so sehr ich selbst wäre und Zeiten gekannt hätte, da ich das Gefühl für meinen Körper verlor. Als ich diesen Zustand einmal erreicht hatte, war ich lebendig ohne Vorstellungen. Ich lebte mit dem tiefsten Bewußtsein, ich selbst zu sein.

SAGT ICH ZU MIR
SAGT ICH

Der Weg zum Sterben läßt sich auf vielerlei Weise beschreiben. Wir kennen annehmbares Sterben, unannehmbares Sterben, natürliches Sterben und unnatürliches Sterben, zufälliges Sterben, plötzliches Sterben, überraschendes Sterben, passives Sterben, Selbstmord, verfrühtes Sterben, Sterben in Krankheit, Selbstzerstörung – und wir könnten diese Liste immer weiter fortsetzen. Freilich ließen sich verschiedene Namen auf ähnliche Stile des Sterbens anwenden, doch all diese Begriffe sind Ausdruck des ernsten Versuchs, darüber zu sprechen und zu verstehen, wie und warum Menschen sterben und in welcher Weise ein Tod mit dem Leben verbunden ist, das ihm vorausging.

Jede einzelne ausgeprägte Art und Weise zu sterben ist in Wirklichkeit auch ein Programm fürs Sterben. Das heißt, sie ist Teil einer Schablone oder einer Entwicklung, deren Wurzeln weit zurück in das Leben der Person reichen. Ebenso wie jede Persönlichkeit einzigartig ist, finden wir auch in der Art zu sterben eine unbegrenzte Vielfalt, doch die einzelnen Arten scheinen bestimmten allgemeinen Merkmalen zu entsprechen. Ich habe bereits die beiden grundlegenden Weisen zu sterben beschrieben – Erstarren und Ausbrechen –, die sich als unmittelbare Folge des Energieprozesses ergeben. Innerhalb jeder dieser Arten zu sterben kann man unterscheiden, ob ein Mensch seinen eigenen einzigartigen Tod als Ausdruck seiner Person stirbt oder ob er den Tod eines anderen oder den der Kultur stirbt.

In den Seminaren über das Sterben, die ich geleitet habe, drücken die Teilnehmer fast immer eine Art Reue aus über all das, was sie in ihrem Leben nicht getan haben, und äußern Befürchtungen vor einem „schlimmen" Ende.

Ein gutes Ende wurde gewöhnlich beschrieben als schmerzlos oder als „natürlicher" Tod, zum Beispiel in hohem Alter; und ein schlimmes Ende war gewöhnlich eines, das keiner wollte. Die Leute waren also bereit zu sterben, solange ihr Tod angenehm war.

„Ich will wie jemand mit Menschenwürde sterben, mit Fassung; nicht schreiend oder emotional außer Kontrolle", war ein Ausdruck für gutes bzw. schlimmes Sterben. Diese Besorgnis um gutes oder schlechtes Sterben wurde vor allem von jenen ausgedrückt, die nicht wissen wollten, daß sie starben. Gewöhnlich wünschten sie, daß es schnell vorbeiginge, unerwartet, durch plötzliche tödliche Gewalteinwirkung, einen Autounfall oder einen Herzschlag. Diese Menschen wollten in der Regel ihr Sterben allein erledigen, zurückgezogen, ohne vorbereitet zu sein. Da gab es jedoch Konflikte zwischen dem Wunsch, schnell und unvorbereitet zu sterben, zum Beispiel im Schlaf, und der fehlenden Möglichkeit, sich zu verabschieden.

Da gab es auch jene, die für langsamere Arten des Sterbens stimmten. Sie äußerten den starken Wunsch, teilnehmen zu können, das Ende kommen zu sehen, ihre Angelegenheiten in Ordnung zu bringen, ihre Freunde und Verwandten dabei zu haben. Sie sprachen oft von dem Wunsch, mit dem Universum zu verschmelzen, darin aufzugehen, zu entschweben, während sie berührt oder gehalten wurden oder auf andere Weise Kontakt hatten. Sie wollten wach sein, doch ohne Schmerzen.

Ein Mensch, der Angst hat, sein eigenes Sterben zu erleben, ist vielleicht eher bereit, in einem Flugzeugunglück umzukommen, bei einem Autounfall oder auf irgendeine andere Weise, bei der er passiv und ohne direkte Verantwortung für seinen Tod bleiben kann. Ebenso würde ein solcher Mensch, da die Kultur im allgemeinen Tod durch Gewalt billigt, eine Form des Todes der Kultur leben. Dieser könnte – entsprechend dem allgemein verbreiteten Glauben, daß der Tod kommt, um dich zu holen – als der grimme Schnitter angesehen werden – eine mittelalterliche Vorstellung, die in gewisser Weise in obigem Beispiel erfüllt wird. Ich kann dafür sorgen, daß mich jemand umbringt. Das wäre ein Ausdruck meines Wunsches, nicht allein oder durch meine eigene Hand zu sterben. Eine Variation des Themas wäre es, an einer Operation zu sterben, einen Arzt mich töten zu lassen unter dem Vorwand, mein Leben retten zu wollen. Dieses Sterbeprogramm folgt dem Muster: „Ich brauche mein Leben – oder mein Sterben – nicht selbst zu leben."

Verfrühtes Sterben ist ein Programm, in dem der Tod zu kommen scheint, bevor es Zeit ist. Ein dreiundzwanzigjähriger Mann entwickelt Knochenkrebs und ist drei Wochen später tot. In „Love Story" stirbt Jennie an Leukämie. Oder ein Achtzehnjähriger wird herzkrank. Alle Tode dieser Art scheinen als

Ergebnis von Krankheiten einzutreten, die wir gewöhnlich mit viel älteren Menschen in Zusammenhang bringen.

Die Grenze zwischen zufälligem Sterben und Selbstmord ist verschwommen. Eine in Texas durchgeführte Untersuchung zeigte, daß fast 30 % aller Autounfälle möglicherweise Selbstmorde waren. In dieser Studie sind Berichte wie der folgende wiedergegeben: In einem Streit mit seiner Frau sagte ein Mann wutentbrannt zu ihr: „Ich wünschte, ich wäre tot." Wenige Minuten später, nachdem er aus dem Haus gerannt und mit seinem Auto davongefahren war, war er tot. Er fuhr offenbar einfach vor ein anderes Auto.

Die Grenze zwischen zufälligem Sterben und willkürlich-passivem Sterben ist ebenfalls unklar. Vor einigen Jahren stürzte in der Nähe von Dijon ein französisches Flugzeug mit fünfundfünfzig Menschen an Bord ab. Vier oder fünf überlebten. Einer von ihnen, ein älterer Franzose, soll gesagt haben, daß er nicht hatte fliegen wollen. Er habe gewußt, daß irgend etwas nicht stimmte. Er beachtete sich nicht, er setzte sich über sich hinweg. Er nahm eine Botschaft wahr, die seinem bewußten, entscheidungsfähigen Selbst sagte: „Flieg nicht mit diesem Flugzeug." Doch er entschied sich, trotzdem zu fliegen.

Ich selbst hatte einen Autounfall, als ich in verärgerter Stimmung war. In mir ging alles drunter und drüber. Ich war geladen, frustriert und wußte nicht, was tun in der Lage, in der ich mich damals befand. Und erst später ging mir auf, daß zu jener Zeit Selbstzerstörung eine lebbare Alternative war.

Ich versuche zu zeigen, daß verschiedene Stile des Sterbens Äußerungen ganz bestimmter Programme sind, die zumindest teilweise verstanden werden können. Plötzliches Sterben zum Beispiel kann möglicherweise darauf zurückzuführen sein, daß man nicht auf sein Feingefühl achtet, verbunden mit der Tatsache, daß in der betreffenden Situation Sterben eine lebbare Alternative ist. Das heißt nach meiner Überzeugung, daß der Teil der Persönlichkeit, der die Warnung nicht beachtet, wirklich sterben will. Vielleicht übersieht die Person die Bedeutung der Warnung, weil sie Angst davor hat, mit sich selbst so stark in Kontakt zu sein oder an das Sterben als eine Möglichkeit zu denken. Eine Menge plötzlicher Tode sind möglicherweise keine plötzlichen Tode, sondern verschleierte Selbstmorde. Wir würden sie normalerweise zufällig nennen. Doch wenn jemand „einen Unfall hat" – sagen wir, er schneidet sich mit der Konservendose, die er aufmacht, in den Finger –, dann wissen wir, daß der Unfall darauf zurückzuführen ist, daß die Person nicht achtgibt und mit sich selbst nicht in Kontakt ist. Der Organismus hat irgendwie die Kluft zwischen seinem normalen Niveau an Koordination und der versuchten Handlung nicht überbrückt.

Wir wissen natürlich auch nicht, wie jeder einzelne von uns sein Sterbeprogramm ausarbeitet – welche Art des Sterbens jene Person will. Es könnte sein, daß das plötzliche, anscheinend zufällige Sterben genau das Sterben ist, das die Person sucht. Das ist keine morbide Behauptung. Sterben ist eine vollkommen gesunde Reaktion auf bestimmte Situationen.

Balzac erzählt in „Alquest" von einer Frau, die im Konflikt zwischen ihren Kindern und ihrem Mann gefangen ist. Sie ist hin- und hergerissen zwischen Liebe und Treue und unfähig herauszufinden, was sie tun muß. Schließlich ruft sie ihre Tochter zu sich und übergibt der Tochter die Verantwortung für den Mann. Es wird klar, daß die Frau sterben als ihre Lösung dieses Konfliktes wählt. Es ist erstaunlich, wie Balzac dies fast wie eine Willensentscheidung ausmalt. Sein Leben willkürlich zu beenden, wird in dieser Geschichte eine lebbare Alternative.

Da gibt es eine Bereitschaft zu sterben, eine Bereitschaft, das Leben hinter sich zu bringen, Passivität loszuwerden, nicht mehr Opfer unseres Sterbeprozesses zu bleiben. Wir können zum Beispiel den Eindruck gewinnen, daß uns großes Unrecht zugefügt wurde, und uns entschließen, unser Sterben zu beschleunigen. Die Bereitschaft zu sterben hängt zusammen mit der Bereitschaft, das Leben zu leben und es nach seinen eigenen Bedingungen zu verstehen – oder sie ist die Bereitschaft, ihm zu widerstehen, aus dem Bedürfnis zu protestieren – sich unserem Sterben anzuschließen oder es gar anzustiften, und dann zu protestieren.

Bereitschaft bedeutet das Zusammenwirken, die Zusammenarbeit aller Teile unseres Selbst. Bereitschaft bedeutet die Entscheidung, mit allen Teilen in Kontakt zu treten, die widerspenstig sind. Wenn das Selbst der Instinkte, das psychologische Selbst, das soziale Selbst, das biologische Selbst anfangen, Zwiesprache zu halten; das fühlende Selbst im Gespräch mit dem denkenden Selbst, oder das handelnde Selbst im Austausch mit dem Selbst der Vorstellungen; der sterbende Teil mit dem lebenden, der soziale Teil mit dem Körper. Aus diesem Zusammenwirken kann ein neues Verständnis unseres Sterbeprogramms erwachsen, wie wir es in unserem Leben ausarbeiten.

Wenn du – wie ich – annimmst, daß jedermann in einem gewissen Ausmaß Herr seines eigenen Sterbens ist, ist es möglich, mit dem Sterben einige Vertrautheit zu gewinnen und zu lernen, es bewußter zu lenken, indem wir mit unserem weniger sozialen Selbst Zwiesprache halten und lernen, unsere verborgeneren Botschaften zu entziffern.

Wenn ein Arzt während einer Untersuchung Anzeichen von Krebs findet, sagt er niemals zu dem Patienten: „Etwas in dir will sterben, etwas in dir ist gegen dein soziales Selbst oder für dein sterbendes Selbst." Und doch ist es so. Es gibt eine Menge Menschen, die ihr Sterbeprogramm geändert und weitergelebt haben, um ein anderes Leben zu leben. Und es gibt eine Menge Menschen, die immer wieder die Wahl treffen, wesentliche Bereiche ihres Selbst nicht wahrzunehmen. Ich neige dazu, den Geschäftsmann, der beim Mittagessen mit einem Herzanfall umkippt, und den Fahrer, der hinter seinem Laster hervorkommend sich in den Weg eines Autos stellt, in diese Kategorie zu stecken. Solche Menschen sind nicht im Einklang mit sich selbst. Sie sind nicht, wo sie sein sollten, weder psychologisch, physiologisch noch körperlich. Die Person ist nicht voll im Kontakt mit sich selbst, ist nicht gegenwärtig, ist auf und davon, irgendwo anders. Viele Menschen haben einfach keine Ahnung, daß es so etwas gibt wie tiefere Botschaften, daß Gefühle und Empfindungen ein wesentlicher Teil der Selbst-Erfahrung sind. Viele Leute glauben, daß Träume, Phantasien, Vorstellungen, innere Bilder und andere spontane innerliche Ereignisse keinen Nutzen, Zweck oder Sinn haben. Solche Überzeugungen schneiden einen Menschen ab von Werkzeugen, den Begriffen, den einfachen Einsichten, die ihm die Alternative ermöglichen würden, unabhängig von den Vorschriften der Kultur zu leben und frei zu werden, dem Ausdruck zu geben, der er sein will.

Doch letztlich geht es wohl darum, daß Sterben und wir eins sind – wir sterben, wir beenden uns selbst. Niemand braucht uns beizubringen wie; wir wissen wie. In diesem Sinne ist jeder Tod wie ein Selbstmord. Dies ist vielleicht unser tiefstes Geheimnis: zu wissen, daß wir um das Sterben wissen, sein Wie und vielleicht auch das Wann kennen; und der Wunsch, es zu leben, um die Möglichkeit unserer eigenen Freiheit zu gewinnen.

BIOLOGISCHE ZEIT

1, 2, 3, 4, 5, 6... die Welt ist aufgeteilt in eine unendliche Anzahl von Punkten, von Teilen, die wir bis in die Unendlichkeit messen können. 23, 24, 25, 26, 27 und so weiter. Dieses Zählen, dieses fortwährende Zusammenzählen von gleichen Einheiten, zerteilt die Zeit, zerteilt den Raum. Wir halten das für selbstverständlich. Wir nennen das Raum und Zeit. Und die Kultur braucht Linearität. Die gehört zur Grundausstattung im Werkzeugkasten der Geschäfts- und Wissenschaftswelt.

Wir nehmen an, daß für die Allgemeinheit diese Art und Weise, Raum und Zeit zu begreifen – indem wir sie in gleichen Teilen messen – ihre Anfänge in der Renaissance hatte. McLuhan sagt, daß die Erfindung der linearen Zeit begleitet ist vom Tod der poetischen Sprache und der Einführung der Prosa in unsere Kultur. In jener Zeit entstand Bedarf nach neuer Genauigkeit, und Raum und Zeit wurden festgelegt als getrennte Daseinserscheinungen.

Mit dieser Art von Weltanschauung sehen wir, wie unser Leben vermessen wird. Wir sehen einen Anfang, und wir sehen ein Ende. Ereignisse müssen einem bestimmten Kurs folgen, der entweder endlich oder unendlich ist. Dadurch sind wir gefangen in einer völlig begrenzten Art des Denkens, das durch Rechen-Zeit gekennzeichnet ist. In diesem System ist unser Kalender starr. Unser Leben ist eingeteilt in gleiche Prisen und läuft unablässig auf ein bestimmtes Ende zu. Da gibt es keine Pause und keine Wiederkehr.

Wir können jedoch die Welt auch anders sehen. Wir können unser Leben als ereignisreich begreifen. Wir können Teil des Lebensprozesses werden, bezogen auf Geschehnisse, Ereignisse und ihren Ausdruck. Ereignisse geschehen ohne Anfang und ohne Ende und können uns auf eine völlig andere Ebene des Daseins tragen. Jetzt kann ich über dieses Geschehen in meinem Leben und jenes Geschehen in meinem Leben sprechen; und ich kann anfangen, darüber zu reden, wie ich mein körperliches Dasein als eine Stufe in meinem Leben beende. Meine Persönlichkeit ist eng verbunden mit Dauer. Meine Persönlichkeit erweitern oder zusammenziehen heißt, diese Dauer verändern. Unser Leben als ereignisreich zu sehen erlaubt uns, die Zeit der Kultur aufzugeben und unsere eigene Raum-Zeit zu gewinnen, eine Umgebung, in der wir unseren eigenen Lebenslauf ausleben können.

Rechen-Zeit wird unserem sozialen Selbst auferlegt; Raum-Zeit fließt im Körper-Selbst. Rechen-Zeit ist in Maschinenpräzision verankert; Raum-Zeit ist biologisch; in ihr wird das Leben als Prozeß erfahren. Man könnte unsere Körperrhythmen Raum-Zeit nennen – jedermann kennt sie, doch wenige halten sie für wesentlich. Ich möchte hier betonen, daß man in der Raum-Zeit nicht über den Tod des Körpers spricht, nur über den Tod des Körpers vom Gesichtspunkt des Betrachters. Das ist eine ganz andere Angelegenheit; das ist eine Einladung, deiner Kultur zu entkommen, indem du deinen Prozeß, deine Selbst-Erfahrung von innen her lebst. Ich beobachte dein Sterben. Du kannst mein Sterben beobachten. Doch die Erfahrung des Prozesses des Sterbens hat nichts mit dem zu tun, was du beobachtest. Wenn wir unsere Informationen über das Sterben lediglich unseren Beobachtungen entnehmen, haben wir möglicherweise nichts darüber entdeckt, wie es ist, zu sterben.

Wenn ich Gruppen von Therapeuten anleite, muß ich diese Therapeuten immer und immer wieder daran erinnern, ihr Augenmerk auf den Prozeß zu richten. Vergiß das Endergebnis. Wir achten alle so genau auf Rechen-Zeit und auf den kulturellen Raum, daß wir unseren tieferen Prozeß des Lebens vernachlässigen. Die Kultur schätzt Materie höher als Energie ein. Deine Aufgabe ist es, diese Einstellung in deinem Leben zu verwandeln.

Lebenszeit ist die Zeit, die es braucht zu werden. Sie kann umrissen werden als die Zeit all der Ereignisse, die im Ausdruck unseres Lebens geschehen. Es dauert eigentlich nicht neun Monate, ein Baby auszubrüten. Die Zeit, die dazu nötig ist, muß zumindest die Zeitspanne seit dem Auftauchen des allerersten Gedankens, des Wunsches einschließen, auch die Vorbereitung der Gebärmutter und das Weiten und Ausdehnen des Raumes durch Menschen, die ein neues Wesen schaffen. Unser Erleben ist unsere Lebens-Zeit.

Eine weitere Differenzierung besteht darin, daß wir sozialisierte Zeit von Sterbezeit unterscheiden. Sozialisierte Zeit ist Hirn-Zeit, Rechen-Zeit. Hirn-Zeit ist langsamer als Hormon-Zeit insofern, als ein Nervenimpuls sich schneller fortbewegt, als dein Hirn darüber nachdenken kann. Hirn-Zeit ist andererseits schneller als Hormon-Zeit, da du schneller denken kannst, als ein Gefühl sich in deinem Erleben voll entwickeln kann. Molekül-Zeit ist sehr schnell, hundertmal schneller als Hirn-Zeit. Auf der Organisationsstufe jedoch braucht es Millionen molekularer Ereignisse, um ein körperliches Ereignis hervorzubringen.

Wenn man Körperfunktionen als progressiv wertvoll für das Ganze betrachtet, dann kann man die Hirnfunktionen als wichtiger denn die hormonalen oder molekularen Funktionen betrachten. Das ist evolutionäre Ordnung – vom Einzeller zum Menschen –, die uns schon in der Grundschule vorgehalten wird. Du entscheidest dich dafür, daß Denken wichtiger ist als Fühlen. Ein solches Wertsystem sympathisiert mit den Vorstellungen von Rechen-Zeit – zielgerichtet, ergebnisorientiert.

Wenn du organismische Funktionen als ausschließlich ereignisreich betrachtest, dann siehst du das Leben des Organismus auf seinen verschiedenen Stufen im ständigen Selbstausdruck begriffen. Es kann sinnvoll werden, Hirn-, Hormon- und Molekular-Raum-Zeit als gleich wichtig zu beschreiben. Da wir nicht sterben können, bis alles von uns dazu bereit ist, ist der Sterbeprozeß ein Dialog oder Monolog, der Rechen-Zeit und die Zeit des Körpers miteinander versöhnt.

Wer kann sagen, wie lang eine Lebenszeit ist? Wer kann sagen, wie lang Sterbenszeit ist und was aus der Raum/Zeit-Welt wird, die anzunehmen wir alle gebilligt haben? Und warum wird die Raum/Zeit-Welt der Sterbenden – eine Lebenszeit, die nur den Raum von Sekunden einnimmt – unwirklich gemacht?

SEXUALITÄT

Sexualität ist beinahe eine Schule des Sterbens – eine Verdichtung des Sterbeprozesses und eine Probe für das Ereignis des Sterbens. Der orgastische Zustand, der Gefühle von Ekstase hervorruft, ist Hingabe an das Ungewollte und an das Unbekannte. Orgasmus verlangt, daß wir uns dem übergeben, was in uns geschieht. Unser Tag-Bewußtsein muß dieses Hingeben zulassen. Der Zustand des Orgasmus ruft außerdem Gefühle des Sterbens hervor, weckt Ängste vor dem Sterben, denn das soziale Bewußtsein wird möglicherweise durch das Unwillkürliche bedroht. Die Steigerung der Erregung, die Steigerung an unwillkürlicher Bewegung, die zunehmende Unterwerfung des sozialen Bewußtseins unter die Herrschaft des unwillkürlichen, dann der Höhepunkt, dann der kurzzeitige Bewußtseinsverlust, den Wilhelm Reich als das Gefühl, im Kosmos aufgehoben zu sein, beschreibt, ungebunden, ohne Grenzen, und dann die langsame Rückkehr ist für viele Menschen begleitet von einer Angst vor dem Sterben oder einem teilweisen Wunsch, die Erfahrung zu vermeiden. Alle Beschreibungen des Zustandes im Orgasmus, die ich gelesen oder gehört habe, erwähnen Gefühle des Wegschmelzens, des Einsseins, des Nicht-Wissens, wohin man an einem bestimmten Punkt gegangen ist. Diese Berichte – zusammen mit Reichs Schriften und meiner eigenen Erfahrung – haben mir den Hinweis gegeben, daß Sterben orgastischer Natur sein könnte. Möglicherweise gibt es eine Verbindung zwischen Sterben und Orgasmus, Sterben und Sexualität. Wie wir unsere orgastischen Erlebnisse zulassen oder verhindern, hängt möglicherweise tief mit unserem Sterben zusammen.

Das Orgasmus-Modell setzt ein Anwachsen von Erregung bis zum Erreichen eines Höhepunktes, Entladen am Höhepunkt und dann eine Verminderung der Erregung voraus. Dieses Muster wird im Körper erreicht durch die Kombination vieler Rhythmen, die in Einklang zusammenkommen: Die Atemfrequenz wird gesteigert; die Muskelkoordination nimmt zu; das allgemeine Energieniveau wächst; Gefühle und Empfindungen werden intensiver wahrgenommen. All diese Rhythmen werden harmonischer und nehmen gleichzeitig an Dichte zu. Sie neigen dazu, einander mitzureißen, sich miteinander zu vereinen. Die Rhythmen des Körpers beginnen, ihren Weg in das allgemeingültige Muster der Erregung zu finden. Schließlich kann ein einheitlicher Ausdruck des Organismus glücken – vollständige unwillkürliche Teilnahme an einem Ereignis, das zur Entladung führt.

Das Ereignis des Sterbens ist jedenfalls eine Vereinigung vieler Rhythmen. Doch es ist gewissermaßen eine Vereinigung in der Umkehr. Der Organismus ist in einem fortwährenden Zustand der Erregung, doch die Menge an Ladung fängt an, abzuebben. Ausdehnung und Kontraktion, Einatmen und Ausatmen, Erregung und Verminderung, Öffnen und Schließen, die Welt beleuchten und dann Rückzug, um die Welt in sich aufzunehmen – all diese biologischen Muster ebben ab, werden weniger und weniger zusammenhängend. Viele der unwillkürlichen Bewegungen des Organismus beim Sterben, wie Stuhlgang, Erektion, Körperzucken, die heraushängende Zunge, die rollenden Augen, sind Versuche, Energie zu entlassen, Erregung aufzugeben, zu entladen, und ermöglichen es den Lebensrhythmen, fortdauernden Ausdruck zu finden. Diese Rhythmen scheinen arhythmisch, unverbunden. Sie scheinen nicht zusammenzukommen. Ihr Muster ist das organismische Muster. Seine Umrisse sind selbst in plötzlichen Todesfällen zu erkennen.

Erregung, Höhepunkt, Loslassen im Ausdruck, Assimilation, Vereinigung – diese Stufen sind in jedem Lebensprozeß erkennbar. Angst ist zum Beispiel ein Zustand hoher Ladung, der treu diesem Muster Vollendung erreichen möchte. Deshalb tust du gut daran, Befürchtungen nicht wegzuerklären; du erlebst sie, du integrierst sie, du läßt ihren Ablauf bis zum Ende zu. Auf die gleiche Weise können Schmerz, Angst und andere Erregungszustände ihre Lösung finden. Die Energie wird in Erleben, Vereinigung und Vervollkommnung ausgegeben. Vielleicht kleben wir so an unseren sozialen oder psychologischen Rollen, daß wir sie hindern wollen, ihr Ende zu finden. Dadurch wird der Zustand hoher Ladung – Schmerz, Schrecken, Angst oder was auch immer – fortgesetzt. Von diesem Gesichtspunkt aus gesehen, vom Gesichtspunkt der Energiemuster des Lebens, können wir die Notwendigkeit für Enden verstehen.

Diesen Prozeß noch anders betrachtend sehe ich, daß eine schwangere Frau immer findet, daß sie sich unwillkürlich auf Geburt vorbereitet. Der Organismus versteht zutiefst, was zu tun ist. Der ganze Körper ist darauf programmiert, sich auf

Schwangerschaft, Wachstum der Frucht und schließlich auf die Geburt des Kindes vorzubereiten. Atemmuster werden vorbereitet, Streckmuster werden eingeleitet, Gefühlsreaktionen ändern sich. Der gesamte Organismus bereitet sich auf das Ereignis vor.

Ich glaube, das gleiche gilt fürs Sterben. Der Organismus weiß zu sterben. Wir können den Prozeß erleichtern oder behindern. Interessanterweise hat der Organismus ein Rückmeldesystem zur Selbstkorrektur. Wir können lernen, einen neuen Mythos zu schreiben. Wir haben teil an der Erschaffung oder Entwicklung unseres Lebens. Darin liegt die Bedeutung unseres Gehirns, unserer Bestimmung, daß wir fähig sind, Kenntnis einzusetzen, um die Welt zu verändern. Wir können dazu beitragen, unsere Prozesse zu regeln. Wir können unserem Leben Gestalt geben.

SELBSTGESPRÄCHE

Das Ereignis des Sterbens ist eine besondere Zeit, in der wir Unaufhörlichkeit zu Ende bringen. Unausgedrückte oder ungelebte Seiten einer Person können jetzt frei werden, sich auszudrücken. Diese vielen Bedürfnisse müssen sich nicht unbedingt in Worten oder Bildern äußern. Das Ereignis des Sterbens kann gekennzeichnet sein durch ein Erlebnis voll Empfindungen, Stimmungen, Gefühlen, Pulsieren, Vibrieren und anderen Wahrnehmungen, die nicht Teil unseres Alltagsbewußtseins sind.

Man könnte sagen, daß ein langes, verzögertes Sterben häufiger bei Menschen vorkommt, die sich weigern, bestimmte Seiten ihres Selbst Ausdruck finden zu lassen, oder die versuchen, darauf zu bestehen, daß eine bestimmte Seite oder eine kleine Anzahl von Eigenschaften um jeden Preis die Oberhand behalten. Oder es könnte sein, daß die Person das Ereignis des Sterbens als lustvoll empfindet und sich bemüht, es auszudehnen. Man könnte sagen, daß die Dauer des Sterbens zusammenhängt mit der Geschwindigkeit der inneren Lösungen zwischen all den unausgedrückten Seiten des Selbst. Und man könnte postulieren, daß Schmerz beim Sterben ein Ergebnis des Widerstandes gegen den Versuch einer Seite des Selbst ist, Ausdruck zu finden.

Ich frage mich, ob man nur sterben kann, wenn alle Anteile des Selbst sich über das Sterben einig sind. Die gegenteilige Möglichkeit wäre: Man stirbt plötzlich als Ausdruck des Kummers eines unbeachteten oder vernachlässigten Persönlichkeitsmerkmals an die anderen. In jedem Fall nehme ich an, daß man Zugang gewinnen kann zu der Schablone seines Sterbeprogramms in dem Maße, wie man Kontakt mit nonverbalen Anteilen seines Selbst herstellen und aufrechterhalten kann und diesen in seinem Leben zum Ausdruck verhelfen kann.

Selbstgespräche geben den vielen Seiten des Selbst eine Möglichkeit, sich auszudrücken. Das Gespräch mit sich selbst ermutigt den sozialen Teil, seine Führerrolle anderen Teilen der Persönlichkeit abzutreten. Das Selbstgespräch gibt dem Was oder Wie des Endens einen Wert und macht den Weg zum Ungelebten und Unerweckten frei; es räumt auf mit Sinnlosigkeit und bahnt den Weg dafür, daß wir unsere Programme enthüllen, unsere geheimen Botschaften lesen und als Sterbende Sinn und Bedeutung in unserem Sterben finden können.

In Selbstgesprächen geht es einfach darum, wie wir mit uns selbst über uns selbst sprechen und wie dieses Gespräch sich in Erinnerungen, Gefühlen, Empfindungen, Vorstellungen und charakteristischen Rollen ausdrückt. In Selbstgesprächen geht es auch darum, wie wir unsere Mythologie erschaffen, wie wir uns selbst unterrichten, wie wir unsere Grenzen erhalten oder sprengen, wie wir unser Gefühl für Dauer erhalten oder in Frage stellen, und wie wir das Unerwartete entdecken und uns einverleiben oder aber verleugnen. Selbstgespräche sind Muster, Programme und Skripten, die sich für uns richtig anfühlen, unsere Einzigartigkeit bestimmen und unser Urteilsvermögen ausmachen. Diese Muster fallen in zwei Gruppen. Wir kennen soziale Programme, die die Regeln enthalten darüber, wie wir mit uns selbst und anderen in Berührung stehen, wie wir uns benehmen und welche Rollen zu spielen wir gelehrt wurden; und es gibt biologische Programme, die all jene Verhaltensmuster einschließen, die dem Organismus gegeben oder eingebaut wurden – atmen, essen, verdauen und ausscheiden, Schlaf, Sexualität, Geburt, Sterben und die Funktionen des autonomen Nervensystems.

Die meisten Menschen finden sich unvorhergesehen in ihrem Sterben, weil sie vermieden hatten, mit ihrem biologischen Lebensplan in Berührung zu kommen, oder nicht wußten, wie die Verbindung dazu zu erhalten oder zu entfalten war. Da mag zum Beispiel das Eingeweide-Selbst dem Nerven-Selbst gesagt haben: „Ich bin bereit, jetzt zu sterben." Doch das Nerven-Selbst mag sich erschrocken haben, denn es fürchtete für sein Leben, oder es hat das Eingeweide-Selbst so lange vernachlässigt, daß es dieses nicht erkannte. Und nun ist die Person im Krankenhaus mit einem sehr geschwächten Körper und fragt sich, was los ist, und glaubt, daß der Tod sie plötzlich und gnadenlos zu Fall gebracht hat. Diese Einstellung wird natürlich von der Familie und den Ärzten verstärkt, da keiner dieser Leute wirklich wissen kann, wie der Mythos der sterbenden Person aussah. In diesem Sinne ist der geschwächte Körper des Sterbenden gerade eben die Spitze seines eigenen Eisberges.

Oder es könnte sein, daß das Gehirn dem sozialen Selbst sagte: „Du wirst sterben, also sag dem Magen, er soll anfangen zu sterben", als ob die Person in ihrem eigenen Kopf einen

Revolver hielte. Und dann geriet einer der Anteile – das Hirn oder die Eingeweide – außer sich und sagte: „Ich bin nicht bereit." Sterben kann wie ein Zeichen eines Anteils des Selbst an das andere sein. Wenn einige der Anteile nicht miteinander in Verbindung stehen, kann ein Anteil sehr ängstlich werden, während der andere die Ruhe bewahrt.

Die meisten Menschen versuchen, ihre Probleme zu lösen, indem sie Dinge durchdenken, sich Alternativen vorstellen oder sich in die Lage eines anderen versetzen. Das ist eine Möglichkeit, ein Selbstgespräch zu versuchen, doch es kann uns unbefriedigt lassen. Es bedeutet gewöhnlich, daß eine Seite von uns die Oberhand behält dadurch, daß sie wirkungsvoll unsere Bedürfnisse und/oder Proteste anderer innerer Anteile ausschaltet – entweder durch Abwerten oder durch Vernünftigsein oder durch Selbst-Einschüchterung. Man erreicht eine Lösung, doch man bleibt leicht unbefriedigt, weil der unterdrückte Anteil keine Gelegenheit erhielt, zu antworten und sich zu verteidigen.

Ein Selbstgespräch entwickeln heißt lernen, wie man zu Lösungen kommt, indem man jeden Anteil zu Wort kommen läßt, so daß die Lösung eine wirkliche Einigung unserer tieferen Lebenspläne darstellt. Dadurch, daß wir all die inneren Darsteller identifizieren, zuhören, was jeder zu sagen hat, worin ihre Unterschiede bestehen und ob es zwischen ihnen ein Gespräch geben kann, schaffen wir in unserem Selbst-Verständnis eine neue Synthese und neue Möglichkeiten für den Ausdruck des Lebens.

Ich erlebe mich selbst unter der Leitung eines Aufsichtsrats ohne festen Vorsitzenden. All die identifizierbaren Darsteller meines Selbst haben ihren Platz, und neue Darsteller sind immer willkommen. Wenn ich mich in meinem Aufsichtsrat umschaue, sehe ich den Streiter, den Vernünftigen, den Empfindsamen, den Rechtfertiger, den Strafer, den Liebhaber, den Religiösen, die Mutter und den Vater. Und jeden Tag spiele ich einige dieser Rollen oder alle oder mehr.

Ebenso identifiziere ich meine Gefühle, die sich mir durch Emotionen mitteilen, und meine Empfindungen, die sich mir zu jeder Zeit in meinem Körper durch Temperaturänderungen, kleine Bewegungen, Druckänderungen, Gewichtsverlagerungen usw. mitteilen. Ferner kann ich meine Vorstellungen identifizieren, die sich durch Bilder und Ahnungen ausdrücken, und meine Träume, die sich mir im Schlaf durch Worte, Bilder, Gefühle, Empfindungen und Erinnerungen zeigen. Da ist außerdem mein Gedächtnis, das Wörter, Bilder, Gefühle und Empfindungen benutzt, um gesellige und persönliche Ereignisse wieder hervorzurufen. Dann gibt es da noch meinen biologischen Direktor, der alle unwillkürlichen Körperfunktionen regelt und meine körperlichen Grenzen in der Welt festlegt und der sich in Bewegungsmustern und durch meine Nachahmung oder Übernahme der Stimmen und Gesten anderer Leute mitteilt. Schließlich kann ich meinen sexuellen Teil dazuzählen, meinen Drang nach Orgasmus und Fortpflanzung, und endlich meinen universalen Teil, jenen Anteil von mir, der mit all den Leuten, die je gelebt haben oder noch leben, und mit der Lebenskraft selbst verbunden ist, und der seinen Ausdruck findet in der Weisheit des genetischen Schlüssels und durch die Offenbarungen von Führern im tiefsten Innern meines Wesens.

Das sind die ordentlichen Mitglieder meines Aufsichtsrates, doch ich möchte betonen, daß ich eine Menge freier Sitze für neue Mitglieder oder ungewöhnliche Mitglieder habe, die sich in außergewöhnlichen Umständen dazugesellen, die vielleicht nur einmal auftauchen oder deren Erscheinen einen ganz neuen Kreis von Ereignissen ankündigt. Dieses Ensemble von Darstellern ist außerdem nicht für die Ewigkeit gemacht; es ist vielmehr absichtlich vorläufig gehalten, um Erfahrungen nicht festzulegen oder einzuengen, sondern um sie anzuregen. Man beachte, daß nur die beiden ersten dieser Aufsichtsratsmitglieder in Worten miteinander reden. Das bedeutet, daß die meisten Anteile meines Selbst nonverbal sind. Ich funktioniere größtenteils außerhalb des Rahmens weltlicher Aktivitäten, die unsere Gesellschaft als das Wahrzeichen von Lebendigkeit vorgibt.

Mit anderen Worten: Mein Organismus hat seine eigene Logik, seine eigene Intelligenz, seine eigene Weise, Vernunft auf Gegenwartsbewußtsein zu gründen. Das Bekenntnis zu meinem Leben als Prozeß drückt sich durch all die Mitglieder meines Aufsichtsrates aus, wenn ich mich mit ihnen allen identifiziere. Die Entfaltung ihres Zusammenwirkens – das nenne ich meine Mythologie. Geradeso, wie manchmal ein Mitglied den Vorsitz im Rat führt und manchmal ein anderes, so fühle ich mich manchmal identifiziert mit meinen Ich-Anteilen oder einer bestimmten sozialen Rolle, wie zum Beispiel der des Vaters, und ein anderes Mal bin ich identifiziert mit meinen Gefühlsanteilen oder meinem Traumanteil oder meinem sexuellen Anteil.

Für die Sterbenden bedeutet, ihren eigenen Mythos zu sterben, daß sie ihr eigener Tod sind, daß sie ihn gewählt haben und daß sie mehr sind als „Bewußtsein“ oder Körper oder soziale Rollen, die im Sterben ihr Ende finden müssen.

Der Ich-Anteil sagt „Ich“ und erhebt dadurch Hoheitsanspruch über den ganzen Organismus. Der soziale Anteil unterstützt den Anspruch des Ichs. Diese beiden verbalen Anteile versuchen, den Rest des Rates zu überstimmen und organismische Prozesse zu verleugnen. Es entspricht der Natur der Sozialisierung, daß sie den regelmäßigen Ablauf unseres inneren Lebensplanes unterbricht und über den Haufen wirft. Doch dieser Ablauf ist das Ritual des Daseins des Organismus. Einfache Beispiele dafür sind: Zubettgehen am Abend und Aufstehen am Morgen, Einatmen und Ausatmen, hungrig werden und Sättigung empfinden, müde werden und ausruhen, sexuell erregt werden und loslassen im Orgasmus. Wenn man anfängt, diese Ereignisse auf sich wirken zu lassen, beginnt der Lebensprozeß, die soziale Programmierung zu verändern.

Der Prozeß zeigt sich in den Ereignissen deines Lebens, von denen einige als Rituale wiederkehren und einige nicht – wir nennen sie spontan. Zunehmende Erfahrung des Prozesses zieht deine Aufmerksamkeit von den Ich- und sozialen Anteilen ab, und du beginnst, das Leben deines Körpers von den Rollen der Gesellschaft zu unterscheiden.

Müdigkeit zum Beispiel ist eine Aufforderung zur Ruhe durch den viszeralen Anteil, die in dein Bewußtsein einbricht, während dein soziales Selbst deine Aufmerksamkeit hält. Du bist vielleicht gerade mitten in einem angeregten Gespräch oder konzentrierst dich auf etwas in deinem Beruf, oder du fährst durch den Straßenverkehr. Müdigkeit ist eine starke Aufforderung, die – wenn sie nicht beachtet wird, zu Krankheit führt. Die Botschaft Müdigkeit beginnt zunächst als Zwiegespräch zwischen dem viszeralen Selbst und dem sozialen Selbst. Sie nimmt zu, wenn das soziale Selbst dieses Zwiegespräch nicht anerkennt, mißachtet oder übertönt. Müdigkeit ist daher eine Pforte zu einem Teil deines Selbst, durch die du treten kannst, indem du dich auf deine Gefühle konzentrierst.

Die Gesellschaft bezeichnet Geschäft, Wissenschaft und andere angesehene Rollen als normales Leben. Das mag dich dazu verführen zu glauben, daß alles, was nicht in dieses Schema paßt, verrückt, schlecht oder furchterregend sei. Doch dieses Urteil wird nur durch den verinnerlichten sozialen Kritiker gefällt. Dieses Urteil ist einer der anmaßenden Tyrannen unserer Aufsichtsratssitzungen. Das zu erkennen, kennzeichnet den Anfang der Veränderungen gesellschaftlicher Prägung.

Jedes Ratsmitglied verkörpert sinnbildlich viele vielschichtige Vorgänge. Ebenso wie dein Ich oder soziales Selbst sich in einer unendlichen Vielzahl von Weisen ausdrückt, so hat auch dein fühlendes Selbst einen breiten Fächer an Gefühlen und Erinnerungen. Tatsächlich hat jedes Ratsmitglied einen natürlichen Spielraum an Gefühlen und Handlungen. Du erkennst deinen Gefühlsanteil einen Tag durch Trauer, am nächsten durch Ärger. Du magst den Träumer in dir durch einen Alptraum erfahren oder dem handelnden Selbst durch Schulterverspannungen begegnen. Jeder von uns hat diese vielen Selbst-Anteile und mehr.

SELBSTGESPRÄCHE ENTWICKELN

Selbstgespräche entwickeln heißt nicht Selbstanalyse, Selbstkritik oder Problemlösung; es ist auch nicht der Versuch gemeint, Konflikte zu lösen. Prozeß ist das Zusammenwirken aller Anteile unseres lebendigen Selbst. Das Ziel ist, uns selbst zu erfahren in all unserem biologischen Reichtum.

Anteile des Selbst leben nicht in Isolation, sondern im Zusammenspiel. Man erlebt nicht einen einzigen Teil des Selbst getrennt von anderen, sondern es ist möglich, ihr Muster der Zusammenarbeit oder Nicht-Zusammenarbeit zu erleben.

Ich denke an einen Klienten, der mir erzählt hat, daß er sich traurig fühlte, doch nicht wußte warum. Ich erklärte ihm, wie er Kontakt aufnehmen könnte mit allem, womit seine Traurigkeit verbunden war, wodurch ihm vielleicht Teile seines Lebensplanes enthüllt wurden. Nach einigen Wochen erzählte er mir, daß ihn sein Gefühl der Traurigkeit an seine Freundin und an seine Mutter erinnerte. Monate später bemerkte er, daß sein Gefühl der Traurigkeit ihn wahrnehmen ließ, wie er die Welt sah und wie er auf sie einging. Er nahm wahr, daß er Frauen als hilflos ansah, und reagierte mit Traurigkeit. Durch dieses Erlebnis entdeckte er etwas über seinen Lebensplan im Zusammenhang mit Frauen und über sein Gefühl der Traurigkeit.

Die Entwicklung von Selbstgesprächen eröffnet die Möglichkeit, Verbindung aufzunehmen mit Erfahrungsaspekten, für die wir keine Worte, keine Bilder und keine Zuordnungen haben. Diese Erfahrungsaspekte scheinen direktes Wissen oder direktes Erleben zu sein. Es sind dies die Erfahrungen, die wir erleben, doch nicht erklären können. Im Beispiel des Bühnenstücks könnte die Einführung jedes Darstellers in den Körper des Spieles der Einführung jedes unausgesprochenen Wunsches, Gefühls und Bedürfnisses entsprechen. Das Zusammenwirken dieser Charaktere spiegelt sich wider auf der Bühne unserer Vorstellungskraft, unseres Traumlebens und unserer Erlebnisse.

Die Entwicklung von Selbstgesprächen bedeutet ein Gespräch mit unseren Ratsmitgliedern, ein Gespräch ohne Worte, ein Gespräch, in dem stumme oder unbekannte Teile unseres Selbst zu sprechen anfangen.

Ich-Anteile geben sich als Ziele und Selbstanerkennungs-Muster zu erkennen. Dieser Teil unseres Selbst scheint immer Gegensätze zu erfinden, Dinge zu messen, zu vergleichen, Ereignisse als gut oder schlecht zu bewerten – ein Teil, der Grenzen errichtet oder einreißt. Dieser Teil mag sich in Träumen, in einer immer wiederkehrenden Rolle zeigen, immer in derselben Tätigkeit oder immer als das Selbst hinter den Augen, die den Traum „sehen".

Der soziale Anteil ist jener Teil, der soziale Rollen verinnerlicht und ausagiert, als ob sie ihren Ursprung im Inneren hätten. Dieser Teil macht sich Sorgen um „anständiges" Verhalten. Methoden aus der Bioenergetik oder Gestalttherapie haben erfolgreich aufgezeigt, wie wir die Mutter oder den Vater, den Beschützer oder den Bestrafer, den Rechthaber, den Märtyrer, den Rebellen usw. ausagieren.

Der Träumer in uns ist ein direkter Kanal zum Leben unseres tieferen Selbst. Träume sind sehr vielschichtig und für viele mögliche Auslegungen zugänglich. Leute, die geduldig genug sind, Traumtagebücher über eine Reihe von Jahren zu führen, sehen allmählich Muster aus diesem reichen Grund auftauchen. Eine Kultur zumindest, die der Senoi aus dem Südlichen Pazifik, ist berühmt dafür, daß sie ihre Gesellschaft um ihr Traumleben herum gestaltet. Die Struktur der Jungschen Therapie besteht aus systematischer Traumanalyse und -interpretation – ein äußerst dichter Prozeß über einen ausgedehnten Zeitraum. Achte auf Muster in deinen Träumen. Es ist nützlich, sie regelmäßig einem Freund mitzuteilen.

Wie schläfst du ein? Wie ist Einschlafen anders als gewöhnliches Bewußtsein? Achte einmal darauf, wie weit du dem Prozeß folgen kannst, bevor der Schlaf dich übermannt. Achte auf deine Haltungen und Empfindungen. Hat dein Einschlafen ein bestimmtes Muster? Folgst du einem bestimmten Ritual? Oder kommst du in einen bestimmten Zustand? Wenn ja, schau, was du über diese Gewohnheiten lernen kannst, ohne sie zu ändern oder zu beurteilen.

Wenn du auf dem Boden liegst und dann aufstehst, was hält dich davon zurück, wieder auf den Boden zurückzufallen? Deine Muskeln und Knochen? Deine „Entscheidung" stehenzubleiben? Und während du da stehst – wie viele Muskeln deines Körpers kannst du loslassen, ohne zu fallen? Viele Menschen unterdrücken Angst durch Muskelkontraktionen. Muster dieser Kontraktionen im Zusammenhang mit dem Stehen können gelernt werden und sogar von Eltern auf Kinder weitergegeben werden. Diese Kontraktionen sind Haltungen, die Teil unserer Persönlichkeit bilden. Wenn du eine Geste oder einen Gesichtsausdruck, die du automatisch „genau wie Mama" oder „ganz wie der Vater" machst, wahrnimmst oder erkennen lernst, entdeckst du ein Beispiel eines stillschweigenden Selbstgesprächs und lernst, wie du deine Körperhaltungen selbst erschaffst.

Die westliche Medizin hat immer angenommen, daß der Mensch keinen Einfluß auf unwillkürliche oder autonome Körpersysteme wie Herzschlag, Temperatur und Blutdruck haben könne. Untersuchungen über Streß und die Entwicklung des Biofeedback-Trainings haben kürzlich diese Meinung geändert. Die Untersuchung des Atems durch Autoren wie Alexander Lowen, Wilhelm Reich und Karlfried Graf Dürckheim waren Versuche, uns zu körperlichem Ausdruck und Emotionen zu ermutigen.

Du liegst still mit geschlossenen Augen – welche Gefühlsqualität kommt von deinem Atmen und deinem Puls? Dies wird dir helfen, deinen Körper von innen heraus auf die Oberfläche zu zu erleben. Empfindungen, Gefühle und Erregungsqualitäten werden sich in einem Muster über verschiedene Teile des Körpers ausbreiten und Bedürfnisse und Vorstellungen des Handelns aufkommen lassen und dich so die Sprache deiner Geschichte formen lassen. Wenn wir auf diese Weise mit uns selbst in Verbindung treten, sammeln wir uns, erlauben uns ein geschärftes Erleben von uns selbst und erkennen unsere Mythologie. Wie mein Freund Sam Bois, der Semantiker, mir als Reaktion auf die Lektüre eines Entwurfs dieses Buches schrieb: „Indem ich neues Erleben annehme und daraus mich selbst gestalte, gehe ich in eine neue Welt ein, die ich geschaffen habe und aus der ich verändert emportauche.“

WAHRNEHMUNG VERÄNDERN

Es gibt nicht nur eine Weise, lebendig zu sein. Das Leben ist, in den Worten von Bois, von vielerlei Ordnung. Das Leben wird auf vielen Stufen erfahren. Jede Stufe hat ihren eigenen, einzigartigen Erfahrungsbereich, ihr eigenes Spektrum, ihren eigenen Wert. Jede Stufe ist autonom und kann nicht entwertet oder umgedeutet werden von einer anderen Stufe. Wenn ich mir sage: „Schlaf ein“ und mich dabei beobachte, wie ich die Welt des Wachens verlasse, betrete ich eine andere Welt, eine Welt mit anderer Zeit und anderem Raum. Diese Traumwelt ist nicht unwirklich. Sie ist eine besondere Art von Wirklichkeit, die sich von gewöhnlicher Wirklichkeit unterscheidet.

Es dauert lange, die Sprache des kleinen Sterbens zu lernen. Ich mußte lernen, zwischen Beobachten und Erleben zu unterscheiden. Unser allgemein übliches Wissenssystem beruht auf der Vorstellung, daß wir uns von einem Objekt distanzieren müssen, um darüber lernen zu können. Wir üben uns im Wissenserwerb durch Abstand und Beobachtung. Doch wir sind Teil einer Evolution in Richtung einer neuen Subjektivität. Wir entfernen uns als Kultur mehr und mehr von dem alten wissenschaftlichen, distanzierten Vorgehen, aus der Welt Objekte zu machen. Wir bewegen uns mehr und mehr darauf zu, daran teilzunehmen.

Als ich erst einmal entdeckte, daß viele meiner Ängste vor dem Sterben mit programmierten Beobachtungen zusammenhingen, fing ich an, die Verbindung herzustellen, daß uns das Gemeinwesen lehrt, unser Leben auf eine ganz besondere Weise wahrzunehmen. Wir werden ermutigt, zuzustimmen, so zu tun, „als ob“ dies wahr wäre. Wir wehren uns dann dagegen, daß jemand dieses „zivilisierte“ Bild der Welt verändert; wir fürchten Verrücktsein. Wir sind nicht vorbereitet auf ein Leben von sich verändernder Erfahrung und Wahrnehmung. Jede Abweichung ist bedrohlich. So neigen wir dazu, ungewöhnliche Erlebnisse fallenzulassen, das Ungewöhnliche zu schmälern und zu entwerten als unverläßlich, als nicht dem wahren Bild entsprechend. Wenige von uns sind bereit, anders zu sein als die anderen.

Sterben heißt, eine andere Wahrnehmungsordnung zu betreten, einen Bereich, der immer um uns ist, den wir jedoch gewöhnlich verleugnen. Unser Empfinden für Zeit, Raum, Emotion und Beziehungen muß sich ändern. Sterben kann aufregend sein, wenn es dir wichtig ist, dich auf das Unbekannte zuzubewegen.

Ich fahre mit meinem Wagen und werde plötzlich breitseits von einem anderen angefahren. Ich werde aus dem Wagen geschleudert. In einem Augenblick wird plötzlich alles vergrößert; ich habe ein unglaubliches und unzerstörbares Gefühl fürs Detail. Zeit ist gesammelt in Zeitlupe und Nahaufnahme, ein vibrierendes Panorama von Farbe und Klang. Alle Gewöhnlichkeit ist verschwunden. Ich war in diesen unmittelbaren Ereignissen, die die letzten Augenblicke meines Lebens hätten sein sollen, völlig eingetaucht und ihrer bewußt. Ich war ohne Furcht, ich war eingehüllt in Wahrnehmung. Ich muß sagen, es war schön.

Ein alter Gregory Peck/Alfred Hitchcock-Film ist zu Ende, als Peck niedergeschossen wird. Wir sehen ihn fallen, dann verschiebt sich die Kamera rasch, und wir schauen durch seine sterbenden Augen nach draußen und in die Höhe. Die spiralige Treppe über uns, die er gerade heruntergekommen ist, fängt an sich zu drehen und zu verblassen. Ein kreiselndes und fallendes, ein schrumpfendes und zurückweichendes Bild unternimmt den Versuch, diese Dimension des Ausdrucks einzufangen, um mit einer Unmittelbarkeit zu vermitteln, was Sterben sein kann, die sich von meinem Erleben bei dem Autounfall nicht unterscheidet.

Die meisten Menschen erkennen ihr Leben ausschließlich in einer Welt von Symbolen – Wörtern, Gedanken, anderen verbalen Begriffen. Doch jedermann, ob er es erkennen kann oder nicht, lebt in einer Schicht oder einem Muster von Empfindungen, Bildern, Phantasien und verschiedensten Gefühlsgebilden, die keine Worte haben. Mit diesem nonverbalen Dasein Kontakt aufzunehmen, stellt unser gewohntes, institutionalisiertes soziales Weltbild in Frage.

Wir befürchten, unsere Welt, die wir kennen, an unvertraute Empfindungen und Gefühle zu verlieren. Wir hindern uns selbst daran, überwältigt zu werden. Manchmal, wenn mir Freunde von einer neuen Erfahrung und ihrer Angst erzählen, davon überwältigt zu werden, bitte ich sie, mir den Platz zu beschreiben, den nicht wiederzufinden sie sich fürchten. Wo sind sie jetzt, daß sie glauben, dies sei ein Platz, der es wert sei, ihn nicht zu verlieren? Wie ist es, im Übergang zu sein zwischen dem Bekannten und dem Unbekannten?

Wenn ich eine Gruppe leite, erzählt mir gewöhnlich irgend jemand, daß er nichts empfindet. Ich erinnere ihn, daß nichts auch eine Erfahrung ist. Wie sieht diese Erfahrung von nichts aus – Betäubung? Laß sie sprechen. Das Erleben von nichts, sowie irgendeine andere ungewöhnliche Wahrnehmung, kann als Brücke dienen, kann gerade das Werkzeug für mehr Verbindung mit dem Selbst sein. Nichts zu fühlen, kann eine Aussage darüber sein, wo wir gern wären oder was uns Furcht einjagt. Aus diesem Nichts kann etwas wachsen. Diese Empfindungen mögen dem ähneln oder nicht, wie du stirbst, doch sie können dir als Hinweis auf das Unbekannte dienen und wie du es annimmst oder zurückweist.

Dein Sterben leben heißt fähig sein, sich wandelnde Wahrnehmungen anzunehmen als einen wirklichen Teil der Selbst-Erfahrung. Ein ungewöhnliches Erleben ohne Furcht oder Urteil anzunehmen, kann zwar heißen, gegen das Modell der Kultur zu verstoßen, doch es gibt uns die Möglichkeit zu bezeugen, was ist, statt dessen, was sein sollte. Kletterer, die hundert Meter und mehr in Schneefelder stürzten, erzählten später, daß ihr ganzes Leben während des Falls in genauem Detail vor ihnen aufblitzte. Voriges Jahr sprang in Kalifornien ein siebzehnjähriger Fallschirmspringer aus einem Flugzeug, und beide Fallschirme versagten ihren Dienst. Er fiel mehrere tausend Fuß auf die Asphaltstartbahn und überlebte – er hatte lediglich die Nase gebrochen. Er berichtete über dasselbe

Erlebnis von „Halluzinationen“, wie sein Leben an ihm vorbeizieht wie eine Rückblende.

Ein Mathematiker, mit dem ich arbeitete, legte sich eines Tages hin und schien plötzlich aufzuhören zu atmen. Er sah leblos aus, als wäre er in Trance. Ich rief ihn an. Schließlich wurde er wieder lebendig. Er berichtete mir, er habe ein sehr angenehmes und wunderbares Gefühl genossen. Er habe von meiner Sorge gewußt, sei sich meiner bewußt gewesen, wollte jedoch in dem Traum bleiben, den er entdeckt habe. Ich dachte darüber nach und versuchte das folgende Experiment. Ich stellte mir vor, daß sich der Raum von mir wegbewegte, als wäre ich am Ende eines Tunnels. Klänge schienen eine größere Entfernung zu überbrücken, bevor sie mein Ohr erreichten. Geräusche schienen widerzuhallen und mich kreiseln zu machen. Der Tunnel wurde ein Wirbel, der mich von der Welt entfernte. Ich schrumpfte, wurde kleiner, kreiselte rundherum, als würde ich in den Abfluß einer Badewanne gesogen. Ich hatte den Eindruck, als wiche die Welt zurück.

Ich wurde klein, zehn Jahre alt; sieben Jahre; dann drei Jahre; immer noch kleiner. Ich war ein Punkt im Raum, ein ungeborenes Wesen. Eine Parade von Licht strömte durch die Dunkelheit. Leere. Dann ein Blitz; plötzlich dehnte ich mich aus. Ich wurde rasch größer und größer. Größer als das Zimmer. Größer als das Haus. Größer als der ganze Häuserblock.

Wandelnde Erfahrungen sind Prozesse – sie weiten und sprengen die Welt, oder sie schrumpfen und unterbrechen den Kontakt mit ihr. Sich wandelnde Wahrnehmungen heißen nicht, daß ich krank oder wahnsinnig bin. Wenn ich meinen Verstand verliere, heißt das nicht, daß ich nichts haben werde, wenn er verloren ist. Doch was ich dann sein werde, paßt möglicherweise nicht in die Definition der Kultur von dem, was normal oder üblich ist. Die Kultur heißt uns, unser Leben mit Erinnerungen und Projektionen zu verbinden. So klammern wir uns an die Vergangenheit oder an die Zukunft und vergleichen sie mit der Gegenwart. Erleben sagt mir, daß mein Leben Prozeß ist. Meine sich wandelnde und zunehmende Wahrnehmungsfähigkeit hilft mir, mich zu trennen von der gesellschaftlichen Mythologie des Sterbens und mein eigenes Erleben, meine persönliche Mythologie zu kultivieren.

Stell dir einen Fluß vor, oder einen Strom, oder einen Wasserstrahl, der sich in dir bewegt; ob er im Bauch oder im Kopf beginnt, ist gleichgültig. Dieses fließende Wasser, oder dieser Regen, oder diese Sonne, oder diese Elektrizität bewegt sich durch dich als ein Erregungsstrom, als erregtes Licht. Während du dir vorstellst, wie es sich in dir bewegt, unterscheide in deinem Körper, ob du es dir vorstellst oder es erlebst. „Ah, ich kann es mir vorstellen. Ich sehe ein Bild oder irgend so etwas. Ich kann es auch fühlen. Ich kann es in mir lokalisieren." Nimmst du eine Trennung dieser Wahrnehmung in dir wahr? Unterscheide zwischen Nachdenken und Erleben. Kannst du unterscheiden zwischen dem, was durch die Bilder geschieht, und den Vorstellungen, die du dir machst? Kannst du diese Art von Erleben annehmen?

Wenn du willst, sei jetzt dieser Erregungsstrom. Was sagst du zu dir? Als ich dieses Experiment machte, fand ich meine Erregung von hoher oder geringer Dichte, scharf oder stumpf.

Sie kam und ging. Sie war überall in mir und brachte meinen Kopf und meinen Körper zum Schwingen. In diesem Moment hatte ich keine Bilder, keine Gedanken, keine Begriffe. Ich war ein Meer, ein tönendes Erregungsmuster, ein Pulsieren, ein Vibrieren. Dies war mein Zustand, in dem ich ohne Grenzen war. Unter Umständen kann Sterben auf ähnliche Weise die Bereitschaft sein, lebendig zu sein ohne begrenzte Vorstellung davon, was es heißt, tot zu sein.

DER WUNSCH ZU STERBEN

Die Lust am Leben. Wir werden geboren und wollen haben; wir werden geboren mit dem Gefühl, leben zu wollen, und mit dem Wunsch zu genießen. Die Fieber, die uns schütteln, die Gewalttätigkeit, mit der wir unsere Bedürfnisse durchsetzen, die Faust, die wir ballen, um durchzuhalten, sind Zeugnis unserer Lust zu leben, unbegrenzt zu sein. Mein Vater erzählte mir nach einer Operation, daß er beinah an Komplikationen gestorben wäre. Aus Spaß sagte ich: „Warum bist du nicht?" Erstaunt sagte er: „Ich hatte Angst. Ich lebe gern. Ich liebe das Leben."

Ich habe gewählt, geboren zu sein, und ich werde wählen zu sterben. Welch eine Erleichterung. Die Last meines Daseins als Opfer, vom Tode gejagt, weicht. Teile meines Selbst sind willens, jeden Augenblick zu enden, und andere sind es nicht. Ich lebe in meiner Lebensgeschichte viele Enden zu Ende. Die Entscheidung zu sterben wird getroffen, um zu vermeiden, mechanisch oder aus Routine lediglich noch einen Tod zu sterben, nicht mein Ende. Ich brauche ein Ende, das meinem Leben entspricht, indem ich vom Lebensstrom nicht nur weggeschwemmt werde wie die Strömung in einem Fluß. Ich denke an die Lehren in der Kabbala, daß ein Mensch gegen den Strom schwimmen lernen muß, oder er wird nie wissen, wer er ist.

Die Fähigkeit, Nein zu sagen, den Fluß der Erregung, den Lebensfluß, einzudämmen, ist Gewähr für Individualität. Der Wunsch zu sterben ist die Bereitschaft, mein Leben zu leben und mein Sterben. In diesem Sinne ist mein Ende ein Selbst-Tod.

Diese Art zu denken ist tabu. Die Handlung wird Selbst-Mord genannt. Soll ich also zulassen, daß andere mich umbringen oder vorgeben, ich ließe mich sterben? Wir wissen alle mehr über das Sterben, als wir zulassen oder zugeben wollen. Im Extrem bedeutet diese Haltung, daß wir uns freiwillig töten. Entweder die Kultur tötet mich, oder ich mache mir selbst ein Ende.

Der Wunsch zu sterben ist in jedem und taucht in jedem früher oder später auf. Er entspringt dem Organismus mit lebendigem Drang. Er ist eine gesunde Leidenschaft, eine natürliche Leidenschaft wie sexuelles Verlangen. Sie entwächst unserem Inneren, wir erben sie. Unser genetischer Schlüssel weiß ums Sterben; er weiß, wie zu enden und sogar unter welchen Umständen und wann damit anfangen. Die Frage des Freitodes heißt schließlich nur: „Muß ich mir selbst zugeben, daß ich sterben will, bevor ich ein Selbstmörder werde?"

Wir begrenzen die Verantwortung, die wir für unser Leben zu übernehmen bereit sind, auf einen engen Bereich von Entscheidungen. Nur Handlungen, die wir in Verletzung dieser engen Grenzen begehen, sind strafbar. Wir lassen sogenanntes natürliches Sterben zu, doch nicht Selbst-Sterben. Wir geben zu, daß wir sterben, doch nicht, daß wir uns selbst ein Ende machen. Wir können zulassen, daß andere unser Leben nehmen, doch wir verbieten es uns, uns selbst offen ein Ende zu machen.

Ein mir befreundeter Psychiater erzählte mir von einer schwarzen Frau mit Tuberkulose, die in völliger Armut und Verzweiflung in Georgia lebte. Irgendwie geriet sie in ein sehr berühmtes Krankenhaus für Lungenkrankheiten in Colorado, wo sie sich überraschend gut erholte. Doch je besser es ihr ging, desto ängstlicher wurde sie. Die Aussicht, zu ihrem Lebensstil, ihrer Vergangenheit zurückkehren zu müssen und nicht in der Lage zu sein, ohne Fähigkeiten oder Geld in Denver zu bleiben, war verheerend für sie. Sie wiederholte: „Mabel wird sterben", immer und immer wieder. Sie starb binnen zwei Wochen. Eine Autopsie zeigte keinerlei pathologische Ursachen für den Tod. Man könnte sagen, Mabel starb aus Verzweiflung. Sie hatte keine Alternativen, mit denen sie leben konnte, sie konnte nicht krank sein, sie konnte nicht gesund sein. Sie erhielt all die Liebe und Sorgfalt, die sie brauchte, doch sie würde sie nicht weiter bekommen. Sie wußte nicht, wie sie bekommen. An diesem Wendepunkt, beim Verlust ihrer Fürsorge, bildeten ihre Gefühle von Hilflosigkeit und ihre tatsächliche Hilflosigkeit einen Zustand von Hoffnungslosigkeit, den ihr Hirn als eine Situation erkannt haben muß, die den Tod notwendig machte. Sie konnte sich nicht fortsetzen und setzte sich nicht fort. Sie wählte ein Sterben durch Erstarren. Sie war hilflos. Sie sagte ihren Tod genau voraus. Sie handelte entsprechend ihrem Wunsch zu sterben. Sie war nicht passiv, sie war ein Selbstmörder, ein aktiver Sterber, ein Beender.

Der Mythos sagt, der Tod sei ein Tod, den man besiegen müsse; daß er dich früher oder später doch erwischt, und daß er von Natur aus übel sei. Nirgendwo wird ein gewaltmäßiger Tod als unsere bevorzugte Weise zu sterben offen empfohlen. Doch

Menschen, die diese Mythologie in ihrem Tod ausleben, empfangen Belohnungen, wie die Kultur sie geben kann. Sie starben „tapfer", „heldenhaft", „nach einem langen Kampf", „erfüllt" usw., und sie bekommen Bronzemedaillen.

In einer Kultur, die uns dafür, daß wir uns Streß aussetzen, auf so vielfältige Weise Belohnungen anbietet wie gesellschaftliche Bedeutung, hohe Gehälter, ausgefallenen Lebensstil und Macht, kann man behaupten, daß Enden durch Streßkrankheiten (Bluthochdruck, gewisse Herzkrankheiten und viele seltene Krankheiten) kulturelle Todesarten sind. Vielleicht wird Selbstmord, der Wunsch zu sterben, deswegen verdammt, weil er den Zwillingsmythos von menschlicher Produktivität und kulturellem Fortschritt verleugnet: Wir brauchen zwanghafte, leistungsorientierte Arbeiter, um unsere sozialen Ziele aufrechtzuerhalten. Die Entscheidung zu sterben rüttelt an den Fundamenten dieser Notwendigkeit. Man kann sagen, daß Menschen, die die Werte der Kultur hochhalten und nach ihren Bedingungen Erfolg haben, das Leben der Kultur leben. Sie werden auch den Tod der Kultur leben müssen. Die Zeitungen sind voll von Beispielen.

Die Entscheidung, dein eigenes Sterben zu leben, ist die Entscheidung, dir das Recht vorzubehalten, dich selbst zu beenden. Es ist die Entscheidung, Verantwortung zu übernehmen für dein Leben und für dein Sterben. Es ist die Entscheidung, Kontakt aufzunehmen mit deinem Leben und mit deinem Sterben.

Zu anderen Zeiten und in anderen Kulturen finden wir ausgezeichnete Präzedenzfälle dafür, wie man sein Leben in seine Hand nimmt. Ich zitiere aus der „Summa Theologica" des Heiligen Thomas: „Wenn du in der Bibel liest, findest du ‚Christus erhob seine Stimme, und er beugte sein Haupt und verschied'." Der Heilige Thomas sagt damit, daß Christus den Augenblick seines Todes wählte. Er schuf seinen eigenen Tod. Er war nicht passiv angesichts seines Todes. Der Tod kam nicht, ihn zu holen. Christus trotzte der Mythologie, daß der Tod kommt, dich zu holen. Christus wählte dieses Martyrium, und er wußte es. Wir finden eine Menge Aussagen in der Bibel, die zeigen, daß Christus seine Weise zu sterben kannte und sie durchlebte.

Christus gab sich selbst den Auftrag, seinen Geist zu befreien, sein Dasein hinzugeben, in welcher Sprache auch immer er das ausdrückte. Ich gebe mir selbst den Auftrag, mich aufzulösen. Ich gebe mir selbst den Auftrag, einzuschlafen und zu sterben. Zu Ende zu gehen.

In der Vergangenheit lebten Eskimos in einer kontrollierten Umgebung, in der ihr Nahrungsvorrat begrenzt war. In einem bestimmten Alter ging jedermann hinaus in den Schnee, um zu erfrieren. Hier haben wir ein Volk, das Selbstmord ohne Morbidität erfolgreich billigte.

Wir kennen viele Beispiele von Buddhisten, die in Meditation sterben, Beispiele, die es überdeutlich klarmachen, daß sie den Stil ihres Sterbens wählten und oft auch den Zeitpunkt ihres Todes. In „The Wheel of Death" berichtet Philip Kapleu viele Geschichten dieser freiwilligen Selbsttode.

Nach meiner Meinung ist eine Person bereit zu enden, oder der Sterbeprozeß gewinnt an Schwung, wenn die Person fühlt, daß ihre Erfahrungen einen Punkt erreicht haben, an dem sie nicht weiter ausgeweitet werden können oder als Handlungen in der Welt assimiliert werden können. Wir werden möglicherweise bereit zu sterben, weil wir unser Leben ausgelebt haben, weil wir unser Dasein gelebt haben. Wir haben unseren Raum ausgefüllt, und nun entfernen wir uns aus dem Raum.

Die Bereitschaft, mein eigenes Sterben zu leben, ist meine Bereitschaft, die Macht über meinen Tod den Institutionen zu entreißen: den Ärzten, den Rechtsanwälten, den Leichenbestattern. Es bedeutet außerdem die Bereitschaft, mir der gesellschaftlichen Sterbeprogramme, die ich lebe, bewußt zu werden und sie zu überwinden oder zu überwältigen. Und es geht um die Bereitschaft zu wissen, daß Sterben „Ich" ist und daß ich mein eigenes Sterbeprogramm habe

Selbsttod muß nicht bedeuten, daß man aus Fenstern springt, genausowenig, wie es willkürlich zu sein braucht. Doch Selbsttod kann die endgültige Bekräftigung menschlicher Freiheit darstellen. Ebenso kann er eine Weise sein, einen Tod zu verweigern, vor dem man sich fürchtet, und eine Weise, seine Entscheidungsfreiheit zu bekräftigen. Selbsttod kann eine tief religiöse Handlung darstellen.

Zwei Menschen, die ich kannte und die viele Jahre in einer äußerst kreativen Beziehung zusammengelebt hatten, die geprägt war von einer Vielzahl von wechselseitigen Abhängigkeiten, standen plötzlich einem schrecklichen Zwiespalt gegenüber. Die Frau erkrankte an einem ernsten, auszehrenden Leiden mit der Aussicht auf zunehmende Pein und Hilflosigkeit. Sie war damals in den siebziger Jahren. Sie sah ihrer schwindenden Zukunft gerade ins Auge und nahm es auf sich, ihre weltlichen Dinge zu regeln, damit sie ihr Leben in Würde beenden könnte. Sie hoffte, die Todesart der Kultur – in einem Krankenhaus voll mit Drogen – weitgehend zu vermeiden. Statt dessen wählte sie ihre eigene Weise, ihr Leben zu beenden, nämlich sich zu sammeln und einen dahinsiechenden Rückzug von der Welt zu vermeiden.

Ihr Mann, gesund und voll Schaffenskraft, beschloß, daß er lieber mit seiner Frau sterben wollte, als sie zu überleben. Er wollte seine Verbindung mit ihr aufrechterhalten. Er wollte nicht den Schmerz und die Einsamkeit ihres Verlustes ertragen und ebensowenig die Schwierigkeiten, neue Beziehungen anzuknüpfen. Auch er wählte seine Weise zu sterben.

Zusammen brachten sie in aller Ruhe ihre Angelegenheiten in Ordnung, zogen sich an und nahmen Schlaftabletten. Ihr Sterben kam als Überraschung für ihre Freunde und Verwandten, doch sie hatten es sorgfältig geplant, und es geschah ohne Morbidität. Sie konnten sterben, wie sie gelebt hatten – ihr Sterben war ihr Leben. Mabel starb, doch sie erfuhr nie, daß es für sie ein eigenes Sterben gab, erfuhr nie, daß sie Wege finden könnte, lebendig zu sein, während sie starb. Teilnehmen und Nichtteilnehmen machen den Unterschied zwischen der Tierwelt und der menschlichen Welt. Unterwerfung oder Teilnahme. Wir können unsere Lebensumstände verändern; Tiere können das nicht.

Es gibt eine einzige Welt und doch viele. Wir leben in einer Welt. Wir können in vielen leben. Es gibt nicht nur einen Körper, es gibt viele. Wir sterben nicht in einer Welt, sondern in vielen. Die Welt(en), darin wir leben, ist (sind) die Welt(en), darin wir sterben. Ich kenne zumindest vier; jede hat ein Selbst, einen Körper. Da gibt es eine mechanische Welt von biochemischer und anatomischer Struktur. Da gibt es eine Gemüsewelt mit ihrem baumähnlichen Blutsystem und Nervensystem. Da gibt es eine Tierwelt, die emotionale Welt. Und schließlich kennen wir die menschliche Welt der geschaffenen Werte und Beziehungen. Wir leben in all diesen Welten. Die ersten drei sind gegeben; die menschliche Welt betreten wir und erschaffen sie. Wir alle werden menschlich und entwickeln mehr oder weniger unsere Menschlichkeit.

Jede dieser Welten hat ihre eigene Weise des Sterbens mit ihrer eigenen Vorstellungswelt, die entweder festgelegt ist oder der Erschaffung fähig. Ich sage damit, daß in den ersten drei Welten der Tod gegeben ist, ein unausweichliches und vorherbestimmtes Ereignis. In der Maschinenwelt brechen Teile zusammen, Struktur kollabiert. In der Gemüsewelt führen Wachstumszyklen zu Blüte und Verfall. In der Tierwelt, der Welt der Emotionen und Instinkte, ist Sterben entweder angstvoll oder ergeben. Tiere sterben ihr Schicksal, doch sie gestalten es nicht. In der menschlichen Welt haben wir die Chance, unser Schicksal zu gestalten und es zu sterben.

Reinkarnation und ein Leben im Jenseits scheinen für mich Teil der Gemüsewelt zu sein. Doch es geht nicht darum, ob es ein Leben danach gibt. Worauf es mir wirklich ankommt, ist, daß wir uns entscheiden können, unsere eigene Vision der Welt zu schaffen und zu entdecken und sie zu leben, so gut wir können, ohne Dogma.

Der Hirnverstand arbeitet nach den Gesetzen von Wiederholbarkeit, Augenschein und Beweis. Im Bereich der Selbsterfahrung gibt es Wissen ohne die Notwendigkeit des Beweises. Wir haben die Wahl, einen dieser Bereiche zu leben oder beide. Unser Leben ernst zu nehmen, in welchem Bereich auch immer es sich zeigen mag, bedeutet, unser Leben zu leben und sein Sterben.

Ob wir wachen oder schlafen, die Arena unseres Wollens ist nur eine schmale Linie. Ich entschließe mich, jeden Abend schlafen zu gehen, doch täte ich es nicht, würde mich die Erschöpfung doch einholen. Ich denke an ein Kindergebet: „Ich lege mich zum Schlafen nieder, ich bitte den Herrn, meine Seele zu erhalten, und wenn ich sterbe, bevor ich wieder aufwache, bitte ich den Herrn, meine Seele aufzunehmen." Schlaf ist eine Gewohnheit, eine willkürliche Hingabe an das Unbekannte. Schlaf ist ein kleines Sterben, ein Enden.

Die Entscheidung, den Stil unseres Sterbens zu integrieren, Sterben als lebbare Alternative nicht zu fürchten, kräftigt unser Leben. Das Leben wird reicher, nicht morbider. Sterben mag für viele Menschen morbid sein oder ein rationalisierter Defätismus. Das ist Resignation. Der Mensch, der sein Leben liebt, der an seinem Sterben teilnimmt, kann es wagen, sein Leben schöpferisch zu leben und ebenso zu sterben.

Das Wissen ums Sterben ist ein Ausdruck von Lebendigkeit, von gesunder Gesinnung, während wir uns integrieren und erweitern. Das Leben besteht aus Erleben, aus unberechenbarer Mannigfaltigkeit des Lebendigen. Die Entdeckung, daß wir uns selbst beenden, öffnet die Tür dafür, daß wir unser Leben leben und das Bekannte aus dem Unbekannten erschaffen. Selbst der Tod von uns gestaltet.

VERSCHMELZEN

Unser Sterben gibt unserem Erleben eine Dichte, eine Unmittelbarkeit, einen Ernst und eine Unschuld, die wir nie kannten oder vergessen haben. Ich habe die Erfahrung mit Menschen gemacht, daß die Dichte und die Lebhaftigkeit der Wahrnehmung, die ihr Leben ausmacht, ihnen Angst macht. Die meisten der großen Mystiker und Heiligen berichten von der Köstlichkeit ihres Erlebens und – wie Blake sagte – der Entdeckung der Welt in einem Sandkorn. Sterben führt uns zurück zu diesem Verweilen bei der achtungsvollen Wahrnehmung des Lebens, in dem wir uns bewegen, mit all unseren Sinnen, unseren Emotionen und Erlebnissen. Unsere Vorstellung kann uns dorthin nicht führen, sie kann uns nur auf das Ereignis vorbereiten.

Wenn wir aus unseren sozialen Rollen aussteigen, wenn wir uns von unseren programmierten Befürchtungen lösen, wenn wir uns eintauchen in den Fluß unserer Selbst-Erfahrung, baden wir, verschmelzen wir in der Welt ohne Worte, ohne Begriffe, ohne Bilder, ohne Ideale. Wir bewegen uns tatsächlich im Ozean der Schöpfung. Wir sind das Meer, aus dem wir unser eigenes Leben schaffen. Wenn du deine eigenen Antworten findest, findest du dich selbst.

DER AUTOR

Stanley Keleman, Dichter, Maler, Bildhauer, Autor, Gruppenleiter und Erzieher, war bekannt für seine starke Ausstrahlung und sanfte Menschlichkeit. Er wurde in Brooklyn, New York, geboren und lernte u.a. bei Karlfried Graf Dürckheim am Zentrum für Religiöse Studien in Todtmoos, Schwarzwald. Er war Schüler von Nina Bull, die sich an der Columbia Universität, New York, mit Fragen unserer körperlich-kinästhetischen Intelligenz beschäftigte. Von Alexander Lowen wurde er in die Bioenergetische Analyse eingeführt.

Er war Ausbilder am Bioenergetik-Institut und am Gestalt-Institut von San Diego, Kalifornien. Außerdem war er als Gruppenleiter für das Esalen Institut in San Francisco tätig und arbeitete in Berkeley am Zentrum für energetische Studien.

Im Jahr 2005 wurde Keleman von der USA Association of Body Psychotherapy für sein Lebenswerk ausgezeichnet. Diese Ehrung erhielt er im Jahr 2007 ebenfalls von der europäischen Gesellschaft für Körperpsychotherapie in Berlin. Außerdem war er Ehrendoktor der Saybrook University, San Francisco. Er hielt Seminare und Vorträge in aller Welt.

Jedermann will immer weiter leben.

Die richtige Weise, weiterzuleben, ist,

dein Sterben zu leben.